Lo [illegible] ay

21 günde güç içinizde

Di yo jen

ISBN: 978-605-69495-1-7

YAYINEVİ SERTİFİKA NO: 47887

MATBAA SERTİFİKA NO: 47939

21 Günde Güç İçinizde

Louise L. Hay

Özgün Adı: **Mirror Work**

Çeviren: Çiğdem Balkanlı

Kapak uygulama: Tuğçe Ekmekçi

Baskı : My Matbaacılık SAN. VE TİC. LTD. ŞTİ.

MY MATBAACILIK SAN. VE TİC. LTD. ŞTİ.

Maltepe Mah. Yılanlı Ayazma Sk. No: 8/F

Zeytinburnu / İstanbul Tel: 0212 674 85 28

Cilt: My Matbaacılık SAN. VE TİC. LTD. ŞTİ.

Diyojen Yayıncılık, İstanbul, 2021

DİYOJEN YAYINCILIK TİC. LTD .ŞTİ

Maltepe Mah. Yılanlı Ayazma Sk. No: 8/F Zeytinburnu / İstanbul

info@diyojenyayinevi.com
www. diyojenkitap.com

Louise L. Hay

21 günde güç içinizde

Çeviren: Çiğdem Balkanlı

Diyojen

Ayna Mucizesini tecrübe etmenin keyfini yaşamaya hazır olanlara.

İÇİNDEKİLER

BİRİNCİ HAFTA

İKİNCİ HAFTA

ÜÇÜNCÜ HAFTA

HOŞ GELDİNİZ

Ayna çalışması ile ilgili 21 günlük kursuma hoş geldiniz sevgili okurlar. Bu kitap, en popüler video kursum olan *Kendinizi Sevmek* üzerine kurulmuştur. Önümüzdeki üç hafta boyunca, sadece aynaya bakarak yaşamınızı nasıl dönüştürebileceğinizi öğreneceksiniz.

Ayna çalışması, yani derin derin gözlerinizin içine bakıp olumlamaları tekrar etmek, şimdiye dek kendinizi sevmeyi öğrenmek ve dünyanın güvenilir, sevgi dolu bir yer olduğunu görebilmek adına bulduğum en etkili yöntem. İnsanlara olumlamaları öğrettiğimden beri, ayna çalışmasını da nasıl yapacaklarını öğretiyorum. Kısacası, söylediğimiz ya da yaptığımız her şeyin bir olumlama olduğunu düşünün. Kendi kendinize yaptığınız tüm konuşmalar, kafanızın içindeki tüm diyaloglar aslında birer olumlama nehri gibidir. Bu olumlamalar, bilinçaltınıza doğal düşünme ve davranış yollarıyla ilgili mesajlar verir. Pozitif olumlamalar, özgüveninizi ve özsaygınızı geliştiren ve iyileştiren düşünce ve fikirleri beyninize ekerek hem sağduyunuzu hem de içsel coşkunuzu yaratır.

En güçlü olumlamalar, aynanın karşısındayken yüksek sesle söylediğiniz şeylerdir. Ayna, kendinizle ilgili duygularınızı size geri yansıtır. Nerede direnç gösterdiğinizi, nerede daha açık ve uyumlu olduğunuzu anında fark edersiniz. Eğer neşeli ve dopdolu bir hayat istiyorsanız, ayna size hangi düşünceleri değiştirmeniz gerektiğini apaçık bir biçimde gösterir.

Ayna çalışmasını öğrendikçe, ağzınızdan çıkan kelimelerin ve yaptığınız hareketlerin daha fazla farkına varacaksınız. Kendi kendinize daha iyi bakmayı, önceden yaptığınızdan çok daha derin bir şekilde öğreneceksiniz. Yaşamınızda iyi bir şey olduğunda, aynaya bakıp "*Teşekkür ederim, teşekkür ederim. Bu muhteşem. Bunu yaptığın için teşekkür ederim,*" deyin. Eğer başınıza kötü bir şey gelirse, aynaya bakıp "*Tamam. Seni seviyorum. Az* önce *başına gelen bu şey geçecek ama ben seni seviyorum ve bu sevgim sonsuza dek devam edecek,*" deyin.

Birçoğumuz için ilk etapta tek başına ayna karşısına geçip kendine bakmak epey zorlayıcı olabilir, işte bu yüzden bu sürece ayna çalışması diyoruz. Fakat bunu sürdürdükçe, kendinizi daha az eleştirip ayna çalışmasını ayna *oyununa* dönüştürebilirsiniz. Kısa süre içinde, aynanız yoldaşınız, düşmanınız değil de dostunuz haline gelecektir.

Ayna çalışmasını yapmak, kendinize verebileceğiniz en sevgi dolu hediyelerden biridir. "*Selam çocuk,*" ya da "*İyi görünüyorsun,"* veya *"Bu çok eğlenceli, değil mi?"* demek sadece birkaç saniyenizi alır. Gün içerisinde kendinize pozitif mesajlar vermek *son derece* önemlidir.

Aynaları kendinize iltifat etmek, kendinizi onaylamak ve zor zamanlarda kendinizi desteklemek için ne kadar çok kullanırsanız, kendinizle olan ilişkiniz de o kadar derinleşip keyifli hale gelecektir.

Bu programın niçin 21 gün sürdüğünü merak ediyor olabilirsiniz. Sadece üç haftada tüm yaşamınızı dönüştürmeniz mümkün olabilir mi? Belki tamamen değiştiremezsiniz fakat tohumlarını ekebilirsiniz. Ayna çalışmanızı sürdürdüğünüz müddetçe, bu tohumlar yeni ve sağlıklı zihinsel alışkanlıklara dönüşecek ve yolunuz keyifli ve dopdolu bir yaşama açılacaktır.

Öyleyse başlayalım.

1. HAFTA

1. GÜN

Kendinizi Sevmek

Kendinizi sevmek son derece önemlidir. Ayna çalışması, hayatınızın en önemli ilişkisini kurmanıza yardımcı olur: Kendinizle olan ilişkiniz.

Ayna çalışmasına başladığınızda bunun çok kolay ya da aptalca bir şey olduğunu düşünebilirsiniz. Önümüzdeki 21 gün boyunca yapmanızı önereceğim pek çok şey, ilk etapta size fark yaratması mümkün olmayacak kadar basit şeylermiş gibi gelebilir. Fakat şunu öğrendim ki, en basit aksiyonlar genelde en önemli olanlardır. Düşünme biçiminizdeki minicik bir değişiklik, yaşamınızda çok büyük değişikliklere sebep olabilir.

Her gün farklı bir tema belirleyeceğiz. Bu temayla ilgili birkaç düşünce ile işe başlayıp, size ayna çalışmasıyla alakalı gün içinde yapmanız için bazı egzersizler vereceğim. Her sabah banyonuzdaki aynanın karşısına geçip o egzersizi yaparak güne başlayabilir ve gün içinde herhangi bir aynanın veya camın önünden geçip kendinizi gördüğünüzde yine aynı egzersizi tekrar edebilirsiniz. Dilerseniz yanınızda bir cep aynası taşıyarak, boş kaldığınız anlarda ayna çalışmasını yapabilirsiniz.

Ayna çalışmanız esnasında size mutlaka bir günlük tutmanızı öneririm. Ne kadar ilerlediğinizi görmek için duygu ve düşüncelerinizi oraya yazın. Size her gün bir Günlük Yazma Egzersizi de vereceğim. Hatta başlamanıza yardımcı olabilmek adına bazı sorular da önereceğim. Ben hepimizin içinde bir güç olduğuna inanıyorum. Bizi seven, destekleyen ve bizlere refah sağlayan daha yüksek bir Evrensel Güce bağlı olan bir güç. Günlük tutmak, bu güçle bağlantıda kalmanıza yardımcı olacaktır. Büyümek ve değişmek için gereken her şeyin aslında kendi içinizde olduğunu göreceksiniz.

Ayrıca, ayna çalışmanızı ve olumlamalarınızı günlük temadan aksiyona geçirmenizi desteklemek için, size her gün bir Kalp Düşüncesi sunacağım. En sonunda da sizlere rehberlik edecek bir meditasyon önereceğim. Yatağınıza yatmadan önce sessizce oturup, bu fikirlerin yaşamınızı nasıl daha kolay ve güzel hale getirdiğinin yansımalarını düşünmenizi tavsiye ederim.

1. Gün Ayna Çalışması Egzersiziniz

1. Banyo aynanızın karşısında durun veya oturun.
2. Gözlerinize bakın.
3. Derin bir nefes alıp şu olumlamayı söyleyin: *Senden hoşlanmak istiyorum. Seni sevmeyi gerçekten öğrenmek istiyorum. Hadi, bunu deneyelim ve yaşayacağımız süreçten keyif alalım.*
4. Derin bir nefes daha alıp şunu söyleyin: *Senden hoşlanmayı gerçekten öğreniyorum. Seni sevmeyi gerçekten öğreniyorum.*
5. Bu ilk egzersiziniz ve biliyorum, biraz zor olabilir ama lütfen devam edin. Derin nefes alıp vermeyi sürdürün. Gözlerinize bakın. Kendi adınızı zikrederek şunları söyleyin: *Seni sevmeyi öğrenmeye kararlıyım, (isminiz). Seni sevmeyi öğrenmeye kararlıyım.*
6. Gün içinde bir aynanın önünden geçerken ya da yansımanızı gördüğünüz her yerde, içinizden yapmanız gerekse bile, lütfen bu olumlamaları tekrar edin.

İlk başta ayna çalışmanızı yaparken, bu olumlamaları söylemek size kendinizi aptal gibi hissettirebilir. Hatta öfkelenip ağlamak bile isteyebilirsiniz. Hiç sorun değil, hatta bunlar oldukça normal. Ve yalnız değilsiniz. Burada, sizin tam yanınızda olduğumu hatırlayın. Ben de bunları yaşadım. Ve yarın yepyeni bir gün.

Güç İçinizde:
1. Gün Günlük Yazma Egzersiziniz

1. Sabahki ayna çalışmanızı bitirdikten sonra, duygularınızı ve gözlemlerinizi yazın. Öfkeli mi, üzgün mü yoksa aptal gibi mi hissettiniz?
2. Sabahki ayna çalışmanızdan altı saat sonra, yeniden duygu ve gözlemlerinizi yazın. Gün içinde ayna çalışmanız resmi ya da gayri resmi şekilde devam ederken, kendi kendinize söylediğiniz şeylere inanmaya başladınız mı?
3. İlk gün sürerken davranış ya da inançlarınızdaki değişiklikleri takip edin. Egzersiz sizin için daha mı kolay oldu yoksa bir süre yaptıktan sonra, iyice zorlaştığını mı düşünmeye başladınız?
4. Günün sonunda, yatağınıza gitmeden evvel ayna çalışmanızı yaparken ne öğrendiğinizi yazın.

1. Gün İçin Kalp Düşünceniz:
Açığım ve Anlayışlıyım

Eğer ayna çalışmasını hayatımızda iyi bir şeyler yaratmak için yapıyorsak fakat bir yanımız buna değmediğimizi söylüyorsa, aynaya bakarken söylediğimiz kelimelerin hiçbirine inanmamız da mümkün olmayacaktır. Sonunda geleceğimiz noktada, *Ayna çalışması işe yaramıyor,* diye düşünmeye başlarız.

İşin doğrusu, ayna çalışmasının işe yaramamasını düşünmemizin sebebi, ayna çalışmasının kendisiyle ya da söylediğimiz olumlama sözleriyle alakalı değildir. Problem, hayatın sunduğu onca iyiliği hak etmediğimize olan inancımızdır.

Eğer buna inanıyorsanız, şu olumlamayı tekrar edin: *Açığım ve anlayışlıyım.*

1. Gün Meditasyonunuz:
Kendinizi Sevmek

Hepimizin, kendimizi daha çok sevebilme kabiliyeti vardır. Hepimiz sevilmeyi hak ederiz. İyi yaşamayı, sağlıklı olmayı, sevmeyi ve sevilmeyi, başarılı olmayı hak ediyoruz. Ve her birimizin içindeki o küçük çocuk, büyüyüp muhteşem bir yetişkine dönüşmeyi hak ediyor.

O yüzden, etrafınızın sevgiyle sarıldığını görün. Kendinizi mutlu, sağlıklı ve bir bütün olarak görün. Ve yaşamınızı istediğiniz gibi, tüm detayları da dahil ederek görün. Bunu hak ettiğinizi bilin.

Sonra kalbinizdeki sevgiyi alın ve onun akmasına izin verin. Bırakın vücudunuzu doldursun, sonra da sizden dışarı çıksın. Sevdiğiniz insanların yanınızda oturduğunu gözünüzün önüne getirin. Solunuzda oturan bu insanlara sevginizin aktığını düşünüp onlara rahatlatıcı düşünceler gönderin. Onları sevgi ve desteğinizle sarıp, onlar için en iyi olanı dileyin. Sonra kalbinizdeki sevgiyi sağ tarafınızda oturan insanlara akıtın. Onları iyileştirici enerjiler, huzur ve ışıkla sarın. Sevginizin tüm odada akmasına izin verin ve kendinizi kocaman bir sevgi çemberinin içinde otururken görün. Sizden çıkıp çemberi dolaşan, sonra da katlanarak size geri gelen sevgiyi hissedin.

Sevgi, var olan en güçlü iyileştiricidir. Bu sevgiyi dışarı çıkartıp tüm dünyaya açabilir ve tanıştığınız herkesle sessizce paylaşabilirsiniz. Kendinizi sevin. Birbirinizi sevin. Gezegeni sevin ve hepimizin bir olduğunu bilin. Bu gerçekten de böyle.

2. GÜN

Aynanızı Arkadaşınız Yapmak

Bugün temel ayna çalışması egzersizlerine başlıyor, kendinize ve eski inanışlarınıza daha yakından bakmayı öğreniyorsunuz.

Henüz ayna çalışmasının ikinci günü ve siz kendinizi sevip beğenmeyi öğrenmeye başlıyorsunuz. Lütfen dayanın. Her gün kendiniz ve yaşam için uygulamaya başladığınız bu yeni düşünce sistemi, eski ve uzun zamandır taşıdığınız negatif mesajları silmenize yardım edecek. Kısa süre içinde daha çok gülümseyecek ve aynaya daha kolay bakmaya başlayacaksınız. Sonra da olumlamalarınız size daha gerçekçi gelecek.

Şimdi sizden cep aynanızı çıkartmanızı veya banyo aynanızın önüne gitmenizi istiyorum. Rahatlayın ve nefes alın. Aynada kendinize bakın. Sonra da isminizi kullanarak şunu söyleyin: *(İsim), seni seviyorum. Seni gerçekten ve gerçekten seviyorum.*

Hadi, şimdi bunu iki kez daha tekrar edelim: *Seni seviyorum. Seni gerçekten ve gerçekten seviyorum. Seni SEVİYORUM. Seni gerçekten ve gerçekten SEVİYORUM.*

Nasıl hissediyorsunuz? Dürüst olup bunun garip ya da saçma olduğunu söyleyebilirsiniz. Çünkü başta *gerçekten* garip ve saçma gelir. Ya da belki yapmakta zorlandınız. Bu şekilde hissetmeniz gayet normal. Kendinizi koşulsuzca sevmek, daha önce hiç yapmadığınız bir şey. Kendinize bu duyguları hissetmek için izin verin. Her ne hissediyorsanız hissedin, bu bir başlangıç ve başlamak için son derece iyi bir nokta.

Kendinize *Seni seviyorum* demenin birçoğunuz için zor olduğunu biliyorum. Fakat bunu yapabileceğinizi de biliyorum ve dayandığınız için sizinle gurur duyuyorum. Söz veriyorum, ayna çalışması gittikçe daha kolay hale gelecek.

Buna rağmen, kendinize *Seni seviyorum* demek sizin için çok zorsa, daha basit bir şeyle başlayabilirsiniz. Belki de şunu denemelisiniz: *Senden hoşlanmayı öğrenmeye hevesliyim. Seni sevmeyi öğreniyorum.*

Aynaya baktığınızda, parktaki bir çocukla konuştuğunuzu hayal edin. Kendinizi o çocuk gibi görün. Şimdi, isminizi de söyleyerek içinizdeki o parkta oynayan çocuğa şunu söyleyin: *(İsim), seni seviyorum. Seni gerçekten ve gerçekten seviyorum.*

Ayna çalışmasını tekrar ettikçe, sizin için daha da kolaylaşacaktır. Fakat bunun zaman alacağını unutmayın. Bu yüzden, ayna çalışmanızı sık sık yapmanızı ve bunun alışkanlık haline gelmesini istiyorum. Sabah kalkar kalkmaz yapın. Nereye giderseniz gidin, yanınızda bir cep aynası taşıyın. Böylece sık sık çıkartıp, kendinize sevgi dolu olumlamalar söyleyebilirsiniz.

Hadi, bir de şu olumlamayı söyleyelim: *Ben güzelim. Ben muhteşemim. Ben sevilmesi kolay biriyim.*

2. Gün Ayna Çalışması Egzersiziniz

1. Banyo aynanızın önünde durun.
2. Gözlerinize bakın.
3. İsminizi kullanarak şu olumlamayı söyleyin: *(İsim), seni seviyorum. Seni gerçekten ve gerçekten seviyorum.*
4. Şimdi bu olumlamayı iki ya da üç kez daha tekrar edin: *Seni gerçekten ve gerçekten seviyorum, (isim).*
5. Aynı olumlamayı defalarca tekrarlayın. Günde en az 100 kez bunu söyleyebilmenizi istiyorum. Evet, doğru duydunuz: Günde en az 100 defa. Bu, çokmuş gibi gelebilir fakat bir kere akışa kapıldınız mı, günde 100 kez söylemek son derece kolay olacaktır.
6. O halde, ne zaman bir aynanın önünden geçseniz ya da bir yerde yansımanızı görseniz, bu olumlamayı

tekrarlayın: *(İsim), seni seviyorum. Seni gerçekten ve gerçekten seviyorum.*

Kendinize *Seni seviyorum* demekte zorlanıyorsanız, kendinizi yargıladığınız ve o eski, negatif mesajları tekrar ettiğiniz içindir. Yargılama yaptığınız için kendinizi yargılamaktan da vazgeçin. Sadece rahatlayıp, olumlamayı tekrar etmeye odaklanın. Unutmayın, siz doğru olan bir olumlamaya bağlı kalıyorsunuz. Gerçek şu ki, kendimizi yargılamadığımız zaman, aslında kendimizi *seviyoruz.*

Ayna çalışmasını yaparken, elinize bir mendil almanız iyi olur çünkü bu çalışma son derece duygusal olabilir. Genelde derinlerdeki hislerimizi ortaya çıkartır. Aslında kendimize karşı son derece kaba olabiliriz. O nedenle, tekrar kendimizi sevmeye başladığımızda, uzun zamandır taşıdığımız o sevgiden uzak tavırlarımız aklımıza gelir ve bu da bizi kederlendirir. Ama bu keder de silinmektedir. O yüzden kendinizi bırakın ve ne hissederseniz hissedin, tüm o duyguları kabul edin. Onları yargılamayın. Ayna çalışmasının tek amacı, kişisel sevgi ve kişisel kabullenmedir.

Size, sabah ilk iş olarak ayna çalışmanızı yapmayı önerdim. Bazen bu zaman dilimi, çalışmayı yapmak için en zor an olabilir çünkü sabahları kendimizi pek de güzel hissetmeyiz. Fakat bu sadece bir yargılamadır; oysa ayna çalışmasında yaptığımız şey, aslında kim olduğumuzu net bir şekilde görebilmek için kendimize yargılamadan bakabilmektir.

Güç İçinizde:
2. Gün Günlük Yazma Egzersiziniz

Hayat çok basittir. Ne verirsek, onu alırız. Günlüğünüze, aşağıdaki sorulara verdiğiniz cevapları yazın:

1. İstediğiniz ama elde edemediğiniz şey ne?
2. Büyürken, hak etmek ile ilgili öğrendiğiniz kurallar nelerdi? Hak etmek için illa kazanmanız mı gerekiyordu? Yanlış bir şey yaptığınızda, elinizdekiler alınıyor muydu?
3. Yaşamayı hak ettiğinizi hissediyor musunuz? Eğlenmeyi hak ediyor musunuz? Neden?

Bu soruları yanıtlarken, hissettiklerinize dikkat edin. Onları da günlüğünüze yazın.

2. Gün İçin Kalp Düşünceniz:
Hak Ediyorum

Bazen kendimize daha iyi bir hayat yaratmak için efor sarf etmeyiz çünkü onu hak etmediğimize inanırız. Hak etmeme inancı, çocukluğumuzdaki tecrübelerden kaynaklanıyor olabilir. Belki de kendi gerçekliğimizle alakası bile olmayan, başka birinin bakış açısını veya fikrini kabullenmişizdir.

Hak etmenin iyi biri olmakla ilgisi yoktur. Önümüze çıkan tek engel, hayattaki iyi şeyleri elde etmeye hevesli olmamamızdır. Hak ettiğinize inansanız da inanmasanız da, iyi şeyleri kabullenmek konusunda kendinize izin verin.

2. Gün Meditasyonunuz: Sevgi Halkası

Kendinizi, çok güvenli bir yerde ayakta duruyorken hayal edin. Yüklerinizi, acılarınızı ve korkularınızı serbest bırakın. Eski ve negatif yönlerinizi, bağımlılıklarınızı serbest bırakın. Hepsinin üzerinizden düştüğünü hayal edin. Sonra, kendinizi o güvenli yerde kollarınızı sonuna dek açmış, şunu söylerken düşünün: *Ben açığım ve anlayışlıyım.* Kendinize istemediğiniz değil, istediğiniz şeyi deklare etme konusunda son derece kararlı olun. Kendinizi bir bütün olarak, sağlıklı ve huzurlu hayal edin. Sevgi ile dolduğunuzu düşünün.

Burada, dünyadaki diğer insanlarla olan bağınızı da hissedin. İçinizdeki sevginin kalpten kalbe gitmesine izin verin. Sevginiz sizden çıktıkça, katlanarak size geri gelecektir. Herkese rahatlatıcı düşünceler gönderin ve bu rahatlatıcı düşüncelerin size geri döneceğini bilin.

Bu gezegende hepimiz bir nefret halkası ya da bir sevgi ve iyileşme halkası içinde olabiliriz. Ben sevgi halkası içinde olmayı seçiyorum. Hepimizin aynı şeyleri istediğini fark ediyorum: Huzurlu ve güven içinde olmak ve beslendiğimiz konularda kendimizi yaratıcı bir biçimde ifade edebilmek.

Dünyanın inanılmaz bir sevgi halkası haline geldiğini hayal edin. Ki zaten öyle.

3. GÜN

Kendinizle Konuşmanızı Gözlemlemek

Bugün, kendinize verdiğiniz mesajları değiştirme konusunda daha çok şey öğreneceksiniz. Şimdiki anı yaşayabilmeniz için, geçmişten gelen negatif düşünceleri temizlemeyi öğreneceğiz.

Şu an ayna çalışmanızın 3. günündesiniz. Arkadaşınız olan aynanızla daha sağlam bir bağ kurduğunuzu hissediyor musunuz? Ayna çalışmasını yaptığınız her gün, kendinize biraz daha aşık olacaksınız. Her gün pozitif olumlamaları söylemeniz ve onlara gerçekten inanmanız daha da kolaylaşacak.

Kendimizi sevmenin en iyi yolu, geçmişten gelen tüm

negatif mesajları serbest bırakmak ve şimdiki anı yaşamaktır. O yüzden bugün, kafanızda kendi kendinize söylediğiniz şeyleri –ki ben bunlara *kendinle konuşmak* diyorum– değiştirmenizi isteyeceğim.

Çocukluğumuzda ebeveynlerimizden, öğretmenlerimizden ve diğer otorite figürlerinden aldığımız mesajları çoğunlukla kabul ederiz. Muhtemelen size de, "Bebek gibi ağlama," veya "Odanı hiç temizlemiyorsun," ya da "Neden yatağını yapmıyorsun?" gibi şeyler söylenmiştir. Ve sizler de sevilmek adına, insanların size söylediği şeyleri yapmışsınızdır. Küçükken, sadece belli şeyleri yaparsanız kabul göreceğiniz fikrine kapılmış olabilirsiniz. Kabul etmek ve sevgi, koşullu olmuştur. Fakat diğer insanların sizi kabul etmeleri aslında onların neyin değerli olduğu ile ilgili *kendi* fikirleriyle alakalıdır ve sizin kendi değerinizle alakası bile yoktur.

Çocukluktan gelen bu mesajlar, kendimizle konuşurken bizi besler. İçsel konuşma gerçekten de mühim bir şeydir çünkü bunlar ağzımızdan çıkan kelimelerin de temelini oluşturur. Yönettiğimiz ve kendimize doğru çektiğimiz tecrübelerimizin zihinsel atmosferini inşa ederler. Eğer kendimizi küçümsersek, hayat da bizim için çok küçük bir anlam ifade eder. Fakat eğer kendimizi sevip takdir edersek, o zaman hayat muhteşem ve eğlenceli bir hediye olarak karşımıza çıkar.

Eğer kendinizi mutsuz ya da doymamış hissediyorsanız,

ebeveynlerinizi suçlamanız ya da *onları* her şeye gücü yeten kişiler olarak görüp, bu *onların* suçu demeniz çok kolaydır. Ama bunu yaptığınızda, var olan koşullarınızın, sorunlarınızın ve öfkenizin içine sıkışıp kalırsınız. Suçlayıcı sözler size özgürlüğünüzü getirmez.

Kelimelerinizin gücü çok büyüktür. O yüzden söylediklerinizi daha dikkatli dinlemeye başlayın. Eğer negatif ya da sınırlayıcı sözler sarf ettiğinizi duyarsanız, onları değiştirebilirsiniz. Ben negatif bir öykü duysam, gidip onu herkese anlatarak tekrar etmem. Yeterince yayıldığını düşünür ve geçip gitmesine izin veririm. Ama pozitif bir öykü duyduğumda, herkese anlatırım!

Diğer insanlarla beraberken, onların neyi, nasıl söylediklerine çok dikkat edin. Söyledikleri şeyler ve hayatlarındaki tecrübeleri arasında bağ kurup kuramadığınıza bakın. Pek çok insan hayatını *–meli, -malı*'lar ile yaşar. *–Meli, -malı* takıları benim kulaklarımın hiç duymadığı kelimelerdir. Sanki onları her duyduğumda, kulağımda bir zil çınlar. İnsanların bir paragraflık konuşma içinde bunları defalarca kez kullandıklarına şahit oldum. Ve genelde bu insanlar, hayatlarının niçin sabit olduğunu ve niçin bir durumu terk edemediklerini sorgulayan insanlardır. Kontrol edemedikleri her şey üzerinde aşırı kontrol sağlamak isterler. Sürekli, ya başkalarını ya da kendilerini hatalı çıkartmakla meşguldürler.

Ayna çalışmanızı yaparken, kendinizle ilgili sadece pozitif cümleler kurarak ve yalnızca pozitif olumlamaları tekrar ederek kendinizle pozitif konuşmayı deneyebilirsiniz. Eğer çocukluğunuzdan gelen herhangi bir negatif konuşma ortaya çıkıyorsa, onu pozitif bir cümleye dönüştürebilirsiniz. Örneğin, "Hiçbir şeyi doğru yapamıyorsun!" cümlesi, *Ben becerikli biriyim ve önüme çıkan her şeyle baş edebilirim,* olumlamasına dönüşebilir.

Kendi kendinizi ve başkalarını dinledikçe, kendi söylediklerinizin ne olduğunun, onları nasıl ve neden söylediğinizin daha çok farkına varırsınız. Bu farkındalık, kendinizle konuşurken yaptığınız olumlamaların değişmesine ve vücudunuzla zihninizin iyileşmesine yol açar. Kendinizi sevdiğinizi söylemenin ne kadar da harika bir yöntemi!

Hadi, şu olumlamayı söyleyelim: *Geçmişten gelen tüm negatif mesajları serbest bırakıyorum. Ben, içinde bulunduğum anı yaşıyorum.*

3. Gün Ayna Çalışması Egzersiziniz

1. Banyo aynanızın karşısında durun ya da oturun.
2. Gözlerinize bakın.
3. Şu olumlamayı söyleyin: *Kendime ne söylersem söyleyeyim, bunu sevgiyle söyleyeceğim.*
4. Aynı cümleyi tekrar edin: *Bu aynada kendime ne söylersem söyleyeyim, bunu sevgiyle söyleyeceğim.*
5. Çocukken duyduğunuz ve zihninize yapışıp kalmış

bir cümle var mı? "Sen aptalsın," ya da "Yeterince iyi değilsin," veya aklınıza gelen herhangi bir şey. Negatif cümlelerle çalışmak için biraz vakit ayırın ve onları pozitif olumlamalara çevirin: *Ben zekiyim. Ben zannettiğimden çok daha akıllıyım. Ben kafasında bir sürü yaratıcı fikirler olan bir dâhiyim. Ben muhteşem bir insanım. Ben sevilebilirim. Ben sevilmeye değerim.*

6. Bu yeni ve pozitif olumlamalardan bir ya da iki tanesini seçin ve defalarca tekrar edin. Bu cümleleri söylerken kendinizi rahat hissedene dek tekrar etmeyi sürdürün.
7. Gün içinde bir aynanın önünden geçtiğinizde veya yansımanızı gördüğünüzde durup bu sevgi dolu olumlamaları yineleyin.

Güç İçinizde:
3. Gün Günlük Yazma Egzersiziniz

1. Bugün negatif bir öyküyü tekrar anlattınız mı? Kaç kez ve kaç kişiye anlattığınızı yazın. Şimdi de, yarın bu insanlara anlatabileceğiniz, hem kendileri hem de çevrelerindeki diğer insanlar hakkında daha iyi hissedebilecekleri pozitif bir öyküyü yazın.
2. *–Meli, -malı* eklerini yazın. Hemen yanına, bu iki ekin yerine kullanabileceğiniz başka kelimeleri ya-

zın. *Olabilir, yapılabilir* kelimeleri ile başlayabilirsiniz.

3. Bugün öğrendiğiniz yeni ve pozitif birkaç olumlamayı, aynanızın üzerine yapıştırın. Böylece onları her gördüğünüzde tekrar edebilirsiniz.

3. Gün Kalp Düşünceniz: *Her Zaman Bir Seçeneğim Var*

Pek çoğumuzun, kim olduğumuz ve yaşamın katı kurallarla yaşanılması hakkında saçma düşünceleri vardır. Hadi, dilimizden *–meli, -malı* takılarını sonsuza dek çıkaralım. Bu takılar bizi kendi kendimizin mahkumu yapıyorlar. Ne zaman *–meli, -malı* desek, ya kendimizi ya da başkalarını hatalı buluyoruz. Aslında, *yeterince iyi değil* demek istiyor ve o etkiyi yaratıyoruz.

Peki, *-meli, -malı* listemizden neleri atabiliriz? Bunların yerine *olabilir* sözcüğünü yerleştirin. Çünkü *olabilir* sözcüğü aslında size bir seçeneğiniz olduğunu hatırlatır ve seçenek özgürlüktür. Hayatta yaptığımız her şeyin seçimlerimizden kaynaklandığının farkında olmalıyız. Gerçekten de yapmak *zorunda* olduğumuz tek bir şey yok. Her zaman bir seçeneğimiz var.

3. Gün Meditasyonunuz: Sevgiyi Hak Ediyorsunuz

Etrafınızın sevgiyle çevrilmiş olduğunu hayal edin. Kendinizi mutlu, sağlıklı ve bir bütün olarak görün. Hayatınızı istediğiniz gibi, tüm detayları dahil ederek hayal edin. Bunu hak ettiğinizi bilin. Sonra kalbinizdeki sevgiyi çıkartın ve onun akmasına, vücudunuzu iyileştirici enerjilerle doldurmasına izin verin. Sevginin odanızın ve yuvanızın etrafında, ta ki siz devasa bir sevgi çemberinin içine girene dek akıp gitmesine müsaade edin. Sizi çevreleyen sevgiyi hissedin ki sizden çıkıp katlanarak size geri dönsün.

Sevgi, gelmiş geçmiş en güçlü iyileştiricidir. Bırakın vücudunuzun her yerini yıkasın. Sevgi *sizsiniz*. Bu zaten böyle.

4. GÜN

Geçmişinizden Kurtulmak

Bugün azat etmeye, suçluluğu serbest bırakmaya, affetmeye ve yolunuza devam etmeye başlayacaksınız.

Dün nasıl geçti? Geçmişinizden gelip sizi inciten bazı şeylerden kurtulmaya başladığınızı ve kendinizle olan konuşmanızı daha pozitif bir hale sokmayı öğrendiğinizi hissediyor musunuz? Bu dersleri her gün yapacak kadar kendinizi seviyor olduğunuzdan ve ayna çalışmanızı kafanızdaki tüm o eski mesajları tekrar programlamak için kullandığınızdan ötürü sizinle gurur duyuyorum.

Çocukluğumuzdan beri aldığımız her mesaj, söylediğimiz ve yaptığımız her şey, tüm tecrübelerimiz kaydedilir ve özümüzdeki, doğamızdaki, yaşam ağımızdaki bir depoda saklanır. Orada minik ulakların olduğunu ve tüm düşüncelerimizle tecrübelerimizin bantlara kaydedildiğini, sonra da bu ulaklar tarafından uygun şekilde dosyalandığını hayal etmek hoşuma gidiyor.

Pek çoğumuz, üzerinde *Ben yeterince iyi değilim, bunu asla yapamam, ben hiçbir şeyi doğru yapamam* gibi etiketleri olan dosyaları biriktirip duruyoruz. Eski ve negatif bantlar yığının altında gömülüp kalıyoruz.

Bugün şu minik ulakları biraz şaşırtacağız. Ayna çalışmamızı yapıp, yeni mesajları özümüze göndereceğiz: *Azat etmeye niyetliyim. Suçluluk duygusunu serbest bırakıyorum. Affetmeye hazırım.* Ulaklar bu yeni mesajları alacak ve şöyle diyecekler: "Bu da ne? Bu dosya nereden çıktı? Bunu daha önce hiç görmemiştik."

Her gün geçmişinizden kurtulmanın yeni bir yolunu öğrenip, yaşamınızda bir uyum yaratmanın ne kadar mükemmel olacağını hayal edebiliyor musunuz? Benim sevgili okurlarım, zaten günlük ayna çalışmanızı yaparak buna çoktan başladınız. Her gün geçmişin katmanlarını, engellerini temizliyorsunuz. Aynanın karşısında söylediğiniz her olumlama bir başka katmanı atmanızı sağlıyor. Sizi mutlu ve dolu dolu yaşamaktan uzaklaştıran, geçmişten gelen bu katmanlar nelerdir? Kendinizi ve geçmişinizi affetmemenize sebep olan bu engeller hangileri?

Sanırım bu engelleri tanımlamakta biraz sorun yaşıyoruz çünkü nelerden kurtulmak istediğimizi tam olarak bilmiyoruz. Hayatımızda nelerin ters gittiğinin farkındayız ve nelerin olmasını istediğimizi de biliyoruz ama yine de bizi geri çeken şeyin ne olduğunu bilmiyoruz.

Hayatınızdaki her şey, kim olduğunuzu gösteren bir aynadır. Tıpkı aynanın görüntünüzü yansıtması gibi, tecrübeleriniz de içsel inanışlarınızı yansıtır. Doğrudan yaşadığınız tecrübelere bakıp, inançlarınızın ne olduğunu tanımlayabilirsiniz. Hayatınızdaki insanlara bakınca, kendinizle ilgili bazı inançlarınızı ayna gibi yansıttıklarını göreceksiniz. Eğer işyerinde sürekli eleştiriliyorsanız, bu muhtemelen sizin de eleştiren biri olduğunuzu ve çocukken sizi eleştiren ebeveyninize dönüştüğünüzü gösterir.

Unutmayın: Hayatınızda olan bir şey sizi rahatsız ediyorsa, içinize bakıp şunları sorma fırsatınız var: *Bu tecrübeye nasıl katkıda bulunuyorum? Bunu hak ettiğime inanmamı sağlayan, içimdeki o şey nedir? Bu inancı nasıl değiştirebilirim? Kendimi ve geçmişimi affetmeyi ve onlardan kurtulup yaşamıma devam etmeyi nasıl öğrenebilirim?*

Hadi, şu olumlamayı yapalım: *Eski sınırlamaları ve inançları azat ediyorum. Hepsinden kurtuluyorum ve huzur içindeyim.*

4. Gün Ayna Çalışması Egzersiziniz

1. Banyo aynanızın önünde durun.
2. Derin bir nefes alın ve nefes verirken vücudunuzdaki tüm gerginliğin gitmesine izin verin.

3. Alnınıza bakıp, orada bir düğme olduğunu ve bastığınız an dışarıya bir diskin çıkacağını ve bu diskin içinde tüm eski negatif düşüncelerinizin dönüp durduğunu hayal edin. Alnınıza uzanıp kafanızdaki bu bandı çekip çıkardığınızı, onu fırlatıp attığınızı hayal edin.
4. Şimdi derin derin gözlerinizin içine bakıp, kendinize şunu söyleyin: *Hadi, içinde yeni ve pozitif inançlarla olumlamaların olduğu yepyeni bir disk kaydedelim.*
5. Şu olumlamaları yüksek sesle tekrar edin: *Azat etmeye niyetliyim. Serbest bırakıyorum. Azat ediyorum. Tüm gerginliği serbest bırakıyorum. Tüm korkuyu serbest bırakıyorum. Tüm öfkeyi serbest bırakıyorum. Tüm suçluluk duygusunu serbest bırakıyorum. Tüm üzüntüyü serbest bırakıyorum. Eski kısıtlamaları ve inançları azat ediyorum. Azat ediyorum ve huzur içindeyim. Kendimle barışığım. Hayatın süreçleriyle barışığım. Güvendeyim.*
6. Bu olumlamaları iki ya da üç kez tekrar edin.
7. Gün içinde aklınıza ne zaman zor düşünceler gelirse, cep aynanızı çıkartıp bu olumlamaları tekrar edin. Onlara alışın ki tekrar etmek günlük yaşamınızın bir parçası haline gelsin.

Güç İçinizde:
4. Gün Günlük Yazma Egzersiziniz

1. Yaşantımızdaki pek çok sorunun şu Büyük Dörtlü'den kaynakladığını keşfettim: Eleştiri, Korku, Suçluluk ve Kin. Günlüğünüze dört tane kolon çizin ve her birine başlık olarak, Büyük Dörtlü'den birini yazın. Bunların hayatınızda oynadığı rolü düşünün. Her kategoriye ait kolona duygu ve düşüncelerinizi yazın.
2. İlk adımda, en çok yazdığınız iki kategoriyi alın ve her biri için on tane pozitif olumlama yazın. Örneğin, kategorilerden biri Kin ise, olumlamalarınız şunun gibi olabilir: Şu an tüm incinmişlikleri ve kini serbest bırakmayı seçiyorum. *Ne kadar çok kini serbest bırakırsam, o kadar çok sevgi vermek zorundayım.*
3. Hayatımızdaki her şey, kim olduğumuzun aynasıdır. Yaşamınızda sizi en çok zorlayan kişileri düşünün. Sizi en çok rahatsız eden özellikleri hangileri? Bunları yazın.
4. 3. adımda listelediğiniz özelliklere bakın ve her birinin, kendinizle ilgili hangi inancınızı ayna gibi yansıttığını yazın. Bugünkü çalışmaları yaparken, kendiniz hakkında neler öğrendiğinizi de not almak isteyebilirsiniz.

4. Gün Kalp Düşünceniz: *Azat Edebilirim*

Alışkanlıklarımızı ve düzenimizi, bize bir şekilde hizmet ettikleri için oluştururuz. Ebeveynlerimizden birini cezalandırmak için pek çok hastalık yaratabilmemiz inanılmazdır. Tabii ki bunu bilinçli yapmayabiliriz, hatta pek çok kez bilinçsizce yaptığımız bir şeydir. Ama içimize baktığımızda, bu düzeni de bulmaya başlarız. Hayatın bazı şeylerini kaldıramadığımızda sıkça yaptığımız şey, negatiflik yaratmaktır. Eğer sorun buysa, kendinize şunları sorun: *Ne için üzülüyorum? Kime kızgınım? Neyden kaçmaya çalışıyorum? Bunun beni kurtaracağını nasıl düşünüyorum?*

Eğer bir şeyi azat etmeye hazır değilseniz, o size halen hizmet ettiği için ona gerçekten tutunmak istiyorsunuzdur. Ne yaparsanız yapın, onu azat edemezsiniz. Buna karşılık, eğer bir şeyi azat etmeye hazırsanız, onu serbest bırakmanın ne kadar kolay olacağını görmek son derece inanılmazdır.

4. Gün Meditasyonunuz: Yeni Bir On Yıl

Büyük bir on yıllık iyileşmeye açılan yepyeni bir kapıyı hayal edin. Bu, geçmişte anlayamadığımız türden bir iyileşme. İçimizdeki muhteşem yetenekleri öğrenme sürecindeyiz. Ve içimizde, cevapları barındıran ve en yüksek iyiliğimizi elde etmek adına bize rehberlik edecek parçalarımızla iletişime geçmeyi öğreniyoruz.

Bu yeni kapının sonuna dek açıldığını ve o kapıdan içeri girip iyileşmenin pek ama pek çok farklı formunu bulduğunuzu hayal edin. Tabii ki iyileşmek herkes için başka bir anlam ifade eder. Bazılarımızın vücutlarının iyileşmeye ihtiyacı varken, bazılarımızın kalplerinin, bazılarımızın da zihinlerinin iyileşmeye ihtiyacı olur. O halde, herkesin ihtiyacı olan iyileşmeye açık ve anlayışlı oluyoruz. Kişisel gelişim için kapıyı sonuna dek açıyor ve güvende olduğumuzu bilerek içeri giriyoruz. Ki zaten bu böyle.

5. GÜN

Özsaygınızı İnşa Etmek

Bugün kendinizi saygıyla sevmek, şükretmek ve bedeniniz, zihniniz ve ruhunuzun teşekkür edilmesi gereken mucizeler olduğu hakkında daha çok şey öğreneceksiniz.

Bu sabah uyandığınızda kendinizi nasıl hissettiniz? Aynaya bakıp *Seni seviyorum tatlım, seni gerçekten seviyorum* derken gülümsediniz mi? Buna inanmaya başlıyor musunuz? Sadece birkaç günlük ayna çalışmasının sonunda, hayatınızda değişiklikler olduğunu fark edebilirsiniz. Bugün belki biraz daha fazla gülümsüyor olabilirsiniz. Belki de aynaya bakıp güzel yüzünüzü görünce kendinizi biraz daha iyi hissedeceksiniz. Kendinizle ilgili daha iyi hissediyor da olabilirsiniz. Aynada gördüğünüz insanı sevip kabul etmeye başladınız mı?

Sevgi çok büyük bir mucize kürüdür. Kendimizi sevmek, yaşamımızda mucizeler yaratır. Sorunumuz ne olursa olsun, onu çözmenin en iyi yolunun kendimizi sevmeye başlamak olduğunu keşfettim.

Kendinizi sevmek demek, içsel ve dışsal anlamda her şeyinize büyük bir saygı duymanız demektir. Bedeniniz, zihniniz ve ruhunuz için derin bir şükran duygusu hissetmektir. Kendinizi sevmek, kalbinizi patlayacakmış gibi dolduran, *KENDİNİZ* olduğunuz için her yerinizi kaplayan kocaman bir coşkuyla şükretmek demektir.

Kendinizi onaylayıp kabul etmeden, kendinizi gerçekten sevmeniz imkansızdır. Durmadan kendinizi eleştiriyor musunuz? Sevilmeyecek biri olduğunuza mı inanıyorsunuz? Kaos ve düzensizlik içinde mi yaşıyorsunuz? Sizi aşağılayan sevgilileri ya da arkadaşları mı buluyorsunuz? Sağlıksız yiyecek seçimleri ve stresli düşüncelerle, bedeninize yanlış mı davranıyorsunuz?

Eğer herhangi bir şekilde kendi iyiliğinizi reddediyorsanız, bu kendinizi sevmeme aksiyonudur. Beraber çalıştığım, kontak lens kullanan bir kadını hatırlıyorum. Ayna çalışmasını yaparken, çocukluğundan gelen bir korkuyu serbest bırakmaya başladı. Birkaç gün sonra, artık kontak lenslerinin onu rahatsız ettiğini ve takmak istemediğini söyledi. Onları çıkarıp etrafa şöyle bir bakınca da, görüşünün son derece net ve temiz olduğunu fark etti. Yine de bütün gününü, "Buna inanmıyorum, buna inanmıyorum," diyerek geçirdi. Onun olumlaması buydu. Ertesi gün yine lenslerini takmıştı. Aslında mükemmel şekilde görmeyi başardığına inanmak istememiş ve bu inançsızlığını teyit etmişti. Oysa Evren ona tam da istediği şeyi vermişti. İşte, düşüncelerimiz bu denli güçlüdür.

Minicik bir bebekken ne kadar mükemmel olduğunuzu düşünün! Bebekler, mükemmel olmak için hiçbir şey yapmak zorunda değillerdir; onlar *zaten* mükemmellerdir ve sanki bunu biliyormuş gibi davranırlar. Evrenin merkezi olduklarının farkındadırlar. İstediklerini elde etmeye çekinmezler. Duygularını özgürce ifade ederler. Bir bebeğin kızdığını anlarsınız, hatta bütün mahalle anlar. Bebeklerin mutlu olduklarını da anlarsınız zira gülüşleri her yeri aydınlatır. Sevgi doludurlar.

Minik bebekler sevgi görmezlerse ölürler. Büyüdüğümüzde, sevgi olmadan da yaşamayı öğreniriz ya da öğrenmeye çalışırız ama bebekler buna dayanamazlar. Bebekler, bedenlerinin her parçasını severler.

Siz de bir zamanlar öyleydiniz. *Hepimiz* öyleydik. Sonra etrafımızdaki korku dolu olmayı öğrenen yetişkinleri dinlemeye başladık ve kendi muhteşemliğimizi inkar eder olduk.

Bugün, tüm eleştirileri ve kendinizle yaptığınız negatif konuşmaları bir kenara bırakın. Eski zihinsel kurgunuzu bırakın gitsin, hani sizi engelleyip değişmenize direnç gösteren o kurguyu. Diğer insanların sizinle ilgili düşüncelerini de serbest bırakın.

Şunu söyleyin: *Ben yeterince iyiyim. Ben sevilmeye değerim.*

5. Gün Ayna Çalışması Egzersiziniz

1. Banyo aynanızın önünde durun.
2. Gözlerinize bakın.
3. Şu olumlamayı söyleyin: *Kendimi seviyor ve onaylıyorum.*
4. Sürekli söylemeye devam edin: *Kendimi seviyor ve onaylıyorum.*
5. Bu olumlamayı gün içinde en az 100 defa tekrar edin. Evet, doğru duydunuz: 100 defa. *Kendimi seviyor ve onaylıyorum* sözü mantranız haline gelsin.
6. Ne zaman bir aynanın önünden geçseniz veya yansımanızı görseniz, bu olumlamayı tekrar edin.

Bu egzersizi yıllarca pek çok insana yaptırdım. Buna bağlı kalan kişilerde elde ettiğimiz sonuçlar inanılmaz oldu. Unutmayın: Ayna çalışması teoride kalırsa hiçbir işe yaramaz, sadece pratik yaparak işe yarar hale gelir. Eğer yaparsanız, gerçekten hayatınızda farklılık yaratacaktır.

Eğer aklınıza herhangi bir negatif düşünce gelirse –örneğin: "*Bu kadar şişmanken, kendimi nasıl onaylayabilirim?*" ya da "*Bu şekilde düşünebileceğimi düşünmek bile aptalca,*" veya "*Ben hiç de iyi değilim,*" gibi– onlara karşı koymayın, onlarla kavga etmeyin, onları yargılamayın. Bırakın orada dursunlar. Siz gerçekten tecrübe etmek istediğiniz şeye odaklanın, yani kendinizi sevip onaylamaya. Sizi engelleyen diğer düşünceleri kibarca azat edip, *Kendimi seviyor ve onaylıyorum*'a odaklanmayı sürdürün.

Ayna çalışmasında yapmak istediğimiz şey, kalpten gelen şekilde ve gerçekte kim olduğumuzu bulabilmek. Kendimizi yargılamazken kim olduğumuzu tecrübe etmek.

Güç İçinizde:
5. Gün Günlük Yazma Egzersiziniz

1. Sevmediğiniz özelliklerinizi ya da kendinizi değersiz bulduğunuzu nasıl ifade ettiğinizi yazın. Bedeninizi eleştiriyor musunuz? Kendinizi aşağılayarak mı konuşuyorsunuz?
2. Diğer insanların sizinle ilgili beslediğini düşündüğünüz negatif düşünceleri yazın. Her bir negatif görüş için, onu pozitife döndürecek bir olumlama cümlesi de yazın. Örneğin, *Annem şişman olduğumu düşünüyor* cümlesini *Ben olduğum şekilde güzelim* olumlamasına dönüştürün.
3. Kendinizi sevme nedenlerinizin bir listesini yapın. Sonra da diğer insanların sizinle neden vakit geçirmeyi sevdikleriyle ilgili bir liste hazırlayın.

4. Bu sevgi listelerini, her gün görebileceğiniz yerlere yapıştırın.

5. Gün Kalp Düşünceniz: *Kendim Olmayı Seviyorum*

Hiç kimse tarafından eleştirilmeden yaşamanın ne kadar müthiş olacağını hayal edebiliyor musunuz? Her şeyin kolay olması, kendinizi tamamen rahat hissetmek mükemmel olmaz mıydı? Sabah kalktığınızda, herkesin sizi sevdiğini ve hiç kimsenin sizi yüzüstü bırakmayacağını bilerek, müthiş bir gün geçireceğinizi bilirdiniz. Kendinizi çok iyi hissederdiniz.

Biliyor musunuz? Tüm bunları kendinize verebilirsiniz. Kendinizle yaşama tecrübesini, hayal edebileceğiniz en muhteşem tecrübeye dönüştürebilirsiniz. Sabah uyanıp, *kendinizle* geçireceğiniz yepyeni bir günün daha tadına varabilirsiniz.

5. Gün Meditasyonunuz: Özsaygı İçin Olumlamalar

Her türlü koşul için tamamen yeterli biriyim.
Kendimi iyi hissetmeyi seçiyorum.
Kendi yaşantım için değerliyim.

Ayaklarımın üzerinde durabiliyorum.

Kendi gücümü kabul ediyor ve kullanıyorum.

Kendi adıma konuşmak benim için son derece güvenli bir şey.

Burada ve şu anda tamamen kendim olduğum için seviliyor ve kabul görüyorum.

Özsaygım çok yüksek çünkü kendim gibi olmaktan gurur duyuyorum.

Hayatım giderek daha da muhteşem bir hal alıyor. Her yeni saatin bana neler getireceğini görmeyi dört gözle bekliyorum.

Ne çok azım ne de çok fazla ve kendimi hiç kimseye kanıtlamak zorunda değilim.

Hayat beni mümkün olan her şekilde destekliyor.

Bilincim, tecrübelerimi etkileyen sevgi dolu, pozitif ve sağlıklı düşüncelerle besleniyor.

Kendime verebileceğim en güzel hediye, koşulsuz sevgi. Kendimi olduğum gibi seviyorum. Artık kendimi sevebilmek için mükemmel olmayı beklemeyeceğim.

6. GÜN

İçsel Eleştirinizi Serbest Bırakmak

Bugün yargılama yapmayı, kişisel eleştiri alışkanlıklarınızı kırmayı ve kendi moralinizi bozmaya ihtiyaç duymadan ilerlemeyi öğreneceksiniz.

Bugün aynanıza bakın ve kendinizi tebrik edin! Kendinizi sevip onaylamaya başlıyorsunuz ya da en azından bunu yapmaya niyetlisiniz. Sürecin neresinde olursanız olun, bu kadar ilerleme kaydedişinizi kutlayın. Ben, s*izi* ve ayna çalışmasına olan bağlılığınızı kutluyorum.

Ayna çalışmasını daha sık yaptıkça, kendinizle konuşmalarınızın da daha fazla farkına varacaksınız. Eğer bugün sizlerden içsel diyaloğunuzu kaydetmenizi isteseydim, bu nasıl bir kayıt olurdu? Acaba, *Ben çok aptalım. Hantalın tekiyim. Hiç kimse bana ne düşündüğümü sormuyor. Neden etrafım bu kadar çok anlayışsız insanla dolu?* şeklinde mi olurdu? İçsel sesiniz durmadan her şeye takılıyor, takılıyor, takılıyor mu? Dünyaya eleştirel gözlerle mi bakıyorsunuz? Her şeyi yargılıyor musunuz? Kişisel doğruluk içinde mi duruyorsunuz?

Birçoğumuzun, kolayca kıramadığımız yargılama ve eleştirme alışkanlıklarımız vardır. Örneğin, ben durmadan şikayet eden biriydim, kendime fazlasıyla acırdım. Duygusal çukurlarda yuvarlanmaya bayılırdım. Kendime acımak için varolan durumları bizzat sürdürdüğümü bilmiyordum. Çünkü o günlerde daha iyisini yapabileceğimden haberim yoktu.

Ayna çalışmanızı yapmanız son derece önemli çünkü bu çalışma sizin hızla, yargılamaların ve kendinizle yaptığınız negatif konuşmaların farkına varmanızı sağlayıp, mümkün olan en kısa sürede içsel eleştiriyi serbest bırakmanıza yardım edecektir. Kendi moralinizi bozmayı ve yaşamınızı yanlış hale getirmeyi bırakmadığınız sürece, kendinizi sevmeniz kesinlikle mümkün olmayacaktır.

Küçük bir bebekken, hayata karşı son derece açıktınız. Dünyaya meraklı gözlerle bakıyordunuz. Bir şey sizi korkutana ya da biri size zarar verene dek, yaşamı olduğu gibi kabul ediyordunuz. Daha sonra, büyüdükçe diğer insanların fikirlerini kabul etmeye ve kendi fikrinizmiş gibi benimsemeye başladınız. Eleştirmeyi öğrendiniz.

Bana yardımcı olan şey, ağzımdan çıkanları dinlemeye başlamak oldu. İçsel eleştirimin farkına varmaya başlayınca, hemen onu durdurmak için çalışmaya başladım. Anlamlarını tam olarak bilmeden, aynamın önünde kendime pozitif olumlamalar söyledim. Onları hiç durmadan tekrar etmeyi sürdürdüm. Önce kolay olanlarla başladım: *Kendimi seviyorum. Kendimi kabul ediyorum.* Sonra şunlara terfi ettim: *Benim fikirlerim değerlidir. Kendimi eleştirme ihtiyacımı serbest bırakıyorum. Diğerlerini eleştirme ihtiyacımı serbest bırakıyorum.*

Bir süre sonra pozitif değişiklikler görmeye başladım. Sizler de, içsel eleştirinizi serbest bırakmak için çalışırken böyle değişiklikleri fark edeceksiniz. Bence, eleştirmek ilham kaynaklarımızı kurutuyor. *Yeterince iyi değilim* inancını güçlendiriyor. Kesinlikle içimizdeki en iyiyi çıkartmaya yardımcı olmuyor. Fakat içsel eleştirinizi serbest bırakınca, daha üst düzeydeki kendinizle iletişim kurabiliyorsunuz.

O halde, bir kontrol edelim: Zihninizde pozitif olumlamalar içeren bir bant kaydını döndürmeyi öğreniyor musunuz? Düşüncelerinize dikkat ediyor ve negatif düşüncelerin yerine pozitif olumlamaları koyuyor musunuz?

Ayna çalışması yaparak içsel sesinizin ve kendinize söylediğiniz şeylerin daha çok farkına varacaksınız. Sonra da sürekli kendinize yüklenme ihtiyacını serbest bırakmaya başlayacaksınız. Bunu yaptığınızda artık başkalarını da çok eleştirmediğinizi göreceksiniz.

Kendiniz olmanın bir sakıncası olmadığını kabul ettiğinizde, otomatikman diğerlerinin de kendileri gibi olmalarını kabul ediyor olacaksınız. Onların minik alışkanlıkları sizi daha fazla rahatsız etmeyecek. Diğerlerini, sizin istediğiniz şekilde değiştirme ihtiyacını da serbest bırakmış olacaksınız. Siz diğerlerini yargılamayı bırakınca, onlar da sizi yargılamayı bırakacaklardır. Böylece herkes özgür kalacaktır.

Aslında duygularımız, düşüncelerimizin aksiyona geçmiş halidir. Onlarla ilgili herhangi bir suçluluk ya da utanç hissetmemize hiç gerek yok. Onlar bir amaca hizmet ederler ve hem zihninizden hem de bedeninizden negatif düşünceleri attığınızda, içinizde daha fazla pozitif düşünce ve tecrübeye yer açmış olursunuz.

Hadi, şu olumlamayı söyleyelim: *Şu anda içsel eleştirimi serbest bırakıp sevgiye doğru hareket etmem benim için son derece güvenlidir.*

6. Gün Ayna Çalışması Egzersiziniz

1. Kendinizi güvende hissedeceğiniz ve rahatsız edilmeyeceğiniz, aynalı ve sessiz bir yer bulun.
2. Aynaya bakın. Direkt gözlerinizin içine odaklanın.

Bunu yaparken hâlâ kendinizi rahat hissetmiyorsanız, ağzınıza ya da burnunuza konsantre olun. İçinizdeki çocukla konuşun. İçinizdeki çocuk büyüyüp çiçek açmak istiyor ve sevgiye, kabul görmeye, övülmeye ihtiyacı var.

3. Şimdi şu olumlamaları söyleyin: *Seni seviyorum. Seni seviyorum ve elinden gelenin en iyisini yaptığının farkındayım. Sen, olduğun gibi zaten kusursuzsun. Seni onaylıyorum.*
4. İçsel sesinizin daha az eleştirel olduğunu duymak için, bu çalışmayı birkaç kez tekrar etmek isteyebilirsiniz. Size doğru gelen şey neyse, onu yapın.

Güç İçinizde:
6. Gün Günlük Yazma Egzersiziniz

1. Kendinizi eleştirdiğiniz beş şeyin listesini yapın.
2. Listeyi tarayın ve her bir maddenin yanına, kendinizi özellikle o konu hakkında ne zaman eleştirmeye başladığınızı yazın. Tam tarihi hatırlamıyorsanız, yakın bir şey yazın.
3. Ne kadar uzun zamandır kendinizle uğraştığınızı görmek şaşırtıcı mı? Bu kişisel eleştiri alışkanlığı şimdiye dek hiç pozitif bir değişiklik yapmanızı sağlamadı, öyle değil mi? Eleştiri işe yaramaz! Bu

sadece kendinizi kötü hissetmenizi sağlar. O yüzden, eleştirmeye son vermek konusunda kararlı olun.

4. Listenizdeki beş eleştiriyi, pozitif olumlamalarla değiştirin.
5. Bu listeyi yanınızda taşıyın. Yargılama yapmaya başladığınızı hissettiğiniz anda, hemen çıkartıp yazdığınız olumlamaları beşer defa okuyun. Hatta daha da iyisini yapıp, aynanın karşısına geçerek sesli okuyun.

6. Gün Kalp Düşünceniz: *Kendimi Olduğum Gibi Seviyor ve Kabul Ediyorum*

Hepimizin yaşamında, kabul edilmeyeceğini ya da sevilmeyeceğini düşündüğü kısımlar vardır. Eğer bazı yönlerimize karşı öfkeliysek, genelde kişisel suistimale yönleniriz. Alkol, uyuşturucu ya da sigara ile kendimizi suistimal ederiz. Adeta kendimizi yeriz ve duygusal olarak kendimizi döveriz. Yaptığımız en kötü şeylerden biri, ki bu bize her şeyden çok hasar verir, kendimizi eleştirmektir. Tüm eleştiriyi kesmemiz gerek. Bir kere kendimizi eleştirmeme alışkanlığını elde edersek, diğer insanları da eleştirmeyi bırakacağız. Herkesin aslında bizim yansımamız olduğunu ve diğer insanlarda gördüğümüz şeyin aslında kendimizde gördüklerimiz olduğunu fark edeceğiz.

Birisinden şikayet ederken, aslında kendimizden şikayet ediyoruz. Gerçekten kendimizi olduğumuz gibi kabul edip sevebiliriz, ortada şikayet edecek hiçbir şey yok. Kendimize ve başka birine zarar veremeyiz. Hadi, artık kendimizi hiçbir şey için daha fazla eleştirmemeye söz verelim.

6. Gün Meditasyonunuz: Kendimiz Olmakta Özgürüz

Bir bütün olabilmek için, kendimizle ilgili her şeyi kabul etmek durumundayız. O halde, kalbinizi açın ve kendinizin her yönü için yeteri kadar yer ayırın: Gurur duyduğunuz yönleriniz, sizi utandıran yönleriniz, kabul etmediğiniz yönleriniz ve sevdiğiniz yönleriniz için. Bunların hepsi sizsiniz. Siz güzelsiniz. Hepimiz öyleyiz. Kalbiniz kendiniz için sevgi dolu oldukça, diğerleriyle paylaşacak çok şeyiniz olur.

Şimdi bu sevginin olduğunuz yeri doldurmasına ve tanıdığınız tüm insanlara geçmesine izin verin. Zihinsel olarak en çok değer verdiğiniz kişileri bulunduğunuz odanın tam ortasına koyun ki kalbinizden akan sevgiyi kolayca alabilsinler.

Şimdi bu insanların her birinin içindeki çocuğu dans ederken hayal edin. O çocukların bağırarak koştuklarını, taklalar ve parandeler attıklarını, müthiş bir coşkuyla dolu olduklarını ve bir çocuk kendisini nasıl en iyi şekilde ifade ediyorsa öyle davrandıklarını düşünün. Sonra da içinizdeki çocuğun onlarla oynamasına izin verin. Bırakın çocuğunuz dans etsin. Bırakın kendisini özgür ve güvende hissetsin. Bırakın çocuğunuz şimdiye kadar olmak istediği şey ne ise, o olsun.

Siz mükemmelsiniz, bütünsünüz ve tamamlanmışsınız ve muhteşem dünyanızda her şey yolunda. Bu, gerçekten de böyle.

7. GÜN

Kendinizi Sevmek:
İlk Haftanıza Genel Bir Bakış

Bugün ne kadar ilerlediğinize ve eski inançlarınızı kırıp gelecekle ilgili yeni olasılıkları keşfetme yolunda ne çok şey başardığınıza bakacaksınız.

Tebrikler sevgili okuyucularım! Ayna çalışmanızın ilk haftasını tamamladınız. Bu kursa bağlı kaldığınız ve geçtiğimiz yedi gün boyunca ayna çalışmanızı yaptığınız için sizlerle gurur duyuyorum.

Ayna çalışması zaman alır ve bunu öğrenmek adına kendinize 21 gün verdiğiniz için çok mutluyum. Pratik yaptıkça, çalışma sizin için daha da kolaylaşacaktır. Aynanıza bakarken hâlâ kendinizi bir parça aptal ya da rahatsız hissediyor olabilirsiniz, bu son derece normal. Birçoğumuz için başta kendi kendimize *Seni seviyorum, seni gerçekten seviyorum*, demek çok zordur. Bu sevgi kelimelerini kendinize söylerken rahat olmanız için bazen haftalar hatta belki bir ay geçmesi gerekebilir. Fakat bir kez onları zorlanmadan söylemeye başladığınızda, hayatınızdaki pozitif değişiklikleri de göreceksiniz demektir.

Geçtiğimiz yedi gün içinde, aynanızı arkadaşınız ve daimi yoldaşınız olmaya davet ettiniz. Söylediğiniz ve yaptığınız şeylerin daha çok farkına varmak için, aynanızın size nasıl yardımcı olduğunu öğrendiniz. Kendinizle yaptığınız konuşmaları dinlemek ve pozitif olumlamaları uygulamak için vakit ayırdınız.

Tekrar vurgulamak isterim ki ayna çalışmasını yapmak aslında gerçek bir sevgi göstergesidir ve kendinize verebileceğiniz en sevgi dolu hediyelerden biridir. Ayna çalışmasını yaptığınız her günün sonunda, kendinize biraz daha aşık olabilirsiniz. Kendinizi sevmenin en iyi yolu, geçmişinizdeki her türlü çöpü silmek ve serbest bırakmaktır. Kişisel yargılamaları, sizi tutan ve hep dinlediğiniz o eski hikayeleri serbest bıraktığınızda, şimdiki zamanda yaşamaya başlarsınız. Hepimiz, çocukluğumuzdan beri duyduğumuz negatif cümlelere inanma alışkanlığı taşırız. Bu negatif cümleleri pozitif olumlamalara dönüştürdüğünüz ve aynanıza bakıp söylemeye başladığınız zaman, geçmişinizde sizi inciten bazı şeyleri azat edip yolunuza devam edebileceksiniz.

Ayna çalışmasını yaptığınız her gün, geçmişin bir katmanını temizliyor olursunuz. Aynada her defasında bir olumlama söylediğinizde, bu katmanlardaki tıkanıklıkları yok edersiniz. Oysa bu katmanları oluşturmak, bu tıkanıklıkları inşa etmek tıpkı sağlam bir tuğla duvar örmek gibi, yıllar sürmüştür. Elbette bunları kırmak vakit alacaktır ama tek bir tuğla ile işe başlayabilirsiniz. Her bir tıkanıklığı ya da katmanı yerinden oynattığınızda, içeriye daha çok ışık ve sevgi girmesine izin veriyor olursunuz. Aynada kendinize söylediğiniz pozitif olumlamalara inanmaya başladığınızda ise, bu güzel sevginin çok daha fazlası geçmişinize ait duvarlarınızı yıkabilecektir. Problem her ne ise, onu çözmenin en iyi yolu kendinizi sevmektir.

Eğer içinizdeki eleştirel sesin bir şekilde size yüklendiğini ya da negatif bir şeyi işaret ettiğini duyacak olursanız, bunun sorun olmadığını bilin. Dönüp bakabileceğiniz arkadaşınız ve yoldaşınız –yani aynanız– daima yanınızda. Gözlerinizin içine bakıp, *Ben sevilmeye değerim,* deyin ve hep böyle devam edin!

Hadi, şu olumlamayı söyleyelim: *Ayna çalışması ile bu hafta kendimi sevmiş olmamı kutluyorum. Artık yeni bir farkındalık alanına geçiyor ve burada kendimi çok daha farklı görmeyi arzu ediyorum.*

7. Gün Ayna Çalışması Egzersiziniz

1. Banyo aynanızın önünde durun.
2. Gözlerinize bakın.
3. Şu olumlamaları söyleyin: *Seni seviyorum. Seni gerçekten seviyorum. Ve ayna çalışmanı yaptığın için seninle çok gurur duyuyorum.*
4. Adınızı da ekleyerek, şu olumlamaları onar kez tekrarlayın: *Seni seviyorum, (isim). Seni gerçekten seviyorum. Seni seviyorum, (isim). Seni gerçekten seviyorum. Ve ayna çalışmanı yaptığın için seninle çok gurur duyuyorum.*
5. Alnınıza bakıp orada bir düğmeye bastığınızı ve kafanızdan, eski düşünce ve inanışlardan oluşan ve durmadan dönen bir diskin çıktığını hayal edin. Bu diski kafanızdan alıp fırlattığınızı düşünün.
6. Şimdi gözlerinizin içine bakıp pozitif olumlamalardan oluşan, yepyeni bir disk kaydettiğinizi hayal edin: *Azat etmeye niyetliyim. Ben sevilmeye değerim. Olduğum gibi zaten mükemmelim.*

Güç İçinizde:
7. Gün Günlük Yazma Egzersiziniz

1. Günlüğünüzü çıkartın ve 1. gün yaptığınız egzersizi açın.
2. 1. günkü ayna çalışmanızın sonunda yazmış olduğunuz gözlemlerinizi ve duygularınızı okuyun.
3. Yeni bir sayfaya, ayna çalışmanızın ilk haftası sonrasında ortaya çıkan gözlemlerinizi ve duygularınızı yazın. Bu egzersizler giderek kolaylaşıyor mu? Aynaya bakarken artık daha rahat mısınız?
4. Ayna çalışmanızda elde ettiğiniz en büyük başarıyı yazın. En çok zorlandığınız yerleri de yazın.
5. Bu tıkanıklıkların olduğu noktalarda size yardımcı olacak yeni olumlamalar yazın.

7. Gün Kalp Düşünceniz:
Tüm Tecrübelerim Benim İçin Doğrudur

Doğduğumuz andan itibaren pek çok kapıdan geçiyoruz. Doğmak, büyük bir kapı ve büyük bir değişiklikti ve o zamandan beri de pek çok kapıdan geçmeye devam ettik.

Dolu dolu ve zengin bir yaşam sürebilmek için pek çok şeyle donanıp bu hayata geldik. İhtiyacımız olan tüm bilgeliğe ve bilgiye sahibiz. İhtiyacımız olan tüm yetenekler bizde mevcut. İhtiyacımız olan tüm sevgiye sahibiz. Hayat, bize destek olup bize iyi bakmak için burada. Bunun böyle olduğunu bilmeli ve buna güvenmeliyiz.

Kapılar sürekli olarak açılır ve kapanır ve eğer bizler kendimize odaklanarak kalırsak, hangi kapıdan geçersek geçelim daima güvende oluruz. Bu gezegendeki en son kapıdan bile geçsek, bu aslında son değildir. Aslında yeni bir maceranın başlangıcıdır. Değişikliği tecrübe etmenin sorun olmadığına inanın.

Bugün yeni bir gün. Pek çok muhteşem tecrübe yaşayacağız. Seviliyoruz. Güvendeyiz.

7. Gün Meditasyonunuz: Ruh Benim

Dünyayı sadece bizler kurtarabiliriz. Ortak bir amaç için bir araya gelirsek, cevapları da buluruz. Bedenimizden, kişiliklerimizden, hastalıklarımızdan ve geçmişimizden çok daha ayrı bir parçamız olduğuna her zaman inanmamız gerekir. Bu, ilişkilerimizden daha ötede bir parçadır. Bizim özümüz saf, ruhsal ve sonsuzdur. Bu hep böyleydi ve hep böyle kalacaktır. Burada, kendimizi ve diğerlerini sevmek için bulunuyoruz. Bunu yaparak cevapları bulacak ve hem kendimizi hem de gezegeni iyileştirebileceğiz.

Sıra dışı zamanlardan geçiyoruz. Her türlü şey değişiyor.

Problemlerin derinliğinin farkında bile olmayabiliriz, buna rağmen elimizden geldiğince iyi yüzmeye çalışıyoruz. Bu da geçecek ve biz elbette çözümleri bulacağız. Ruhani bir seviyede birleşiyoruz ve Ruh seviyesinde biz aslında tekiz. Özgürüz. Ve bu böyle.

2. HAFTA

8. GÜN

İçinizdeki Çocuğu Sevmek - Bölüm Bir

Bugün aynada gördüğünüz yetişkinin ötesine bakıp, içinizdeki çocukla tanışacaksınız.

Bugün, ayna çalışmanız için çok önemli bir gün. Elimi tutun ve beraberce aynanızın karşısına gidelim. Gözlerinizin ta içine bakın. Aynada gördüğünüz yetişkinin ötesine bakıp, içinizdeki çocuğu selamlayın.

Kaç yaşında olduğunuzun hiçbir önemi yok, içinizde sevgi ve kabullenmeye ihtiyacı olan bir çocuk var. Eğer bir kadınsanız, kendinize olan güveniniz ne kadar yüksek de olsa, içinizde çok kırılgan ve yardıma ihtiyacı olan minik bir kız var. Eğer bir erkekseniz, özgüveniniz ne kadar fazla da olsa, içinizde sıcaklık ve sevgi için yalvaran minik bir oğlan var.

Aynaya bakınca, içinizdeki çocuğu görüyor musunuz? Bu çocuk mutlu mu? Bu çocuk size ne anlatmaya çalışıyor?

Şimdiye dek yaşadığınız tüm yaşlarınız içinizde – bilincinizde ve hafızanızda. Çocukken, bir şeyler ters gittiğinde *sizde* yani *kendinizde* bir terslik olduğuna inandınız. Çocuklar eğer kendileri her şeyi doğru yaparlarsa, ebeveynlerinin onları sevip cezalandırmayacakları fikrini geliştirirler.

Genelde beş yaş civarında içe kapanır ya da dışa açılırız. Bu kararı almamızın nedeni, kendimizde bir terslik olduğuna inanmamızdır ve artık bu çocukla yapacak hiçbir şeyimiz kalmamıştır.

İçimizde aynı zamanda bir ebeveyn vardır. Ve pek çoğumuz için bu ebeveyn, içimizdeki çocuğu hiç durmadan azarlar. İçsel diyaloğunuzu dinlerseniz, bu azarları siz de duyacaksınız. Ebeveynin size neyi yanlış yaptığınızı ve yeterince iyi olmadığınızı söylediğini işiteceksiniz.

Yani çocukluk yıllarımızda, kendimizle bir savaşa gireriz ve tıpkı ebeveynlerimizin bizi eleştirdikleri gibi, bizler de kendimizi eleştirmeye başlarız: *Sen aptalsın. Sen yeterince iyi değilsin. Hiçbir şeyi doğru yapamıyorsun.* Bu sürekli eleştiri hali, bir alışkanlığa dönüşür. Şu anda da yetişkin olarak pek çoğumuz, ya içimizdeki çocuğu inkar ediyoruz ya da geçmişte bize yaptıkları gibi, onu küçük görüyoruz. Bu döngüyü durmadan tekrarlıyoruz.

Ne zaman korktuğunuzu hissetseniz, bilin ki aslında korkan içinizdeki çocuktur. Yetişkin korkmaz, hatta bağlantısı kopmuştur ve çocuk için orada değildir. Yetişkinin ve çocuğun birbirleriyle bir ilişki geliştirmeye ihtiyaçları vardır.

İçinizdeki çocukla nasıl bağlantı kurarsınız? İlk adım, ayna çalışması ile onu tanımaktır. Bu çocuk kim? Neden mutsuz? Bu çocuğun kendisini güvende ve seviliyor hissetmesi için ne yapabilirsiniz?

İçinizdeki çocukla, yaptığınız her şey hakkında konuşun. Biliyorum kulağa aptalca geliyor fakat işe yarıyor. İçinizdeki çocuğun, ne olursa olsun ona sırtınızı dönmeyeceğinizi aksine her zaman onun yanında olup, kendisini seveceğinizi bilmesini sağlayın.

İçinizdeki çocuğun aslında tek istediği şey, fark edilip güvende hissetmek ve sevilmek. Eğer güne içinizdeki minik insanla iletişim kurarak başlarsanız, hayat sizin için çok daha güzel olacaktır.

Hadi, şu olumlamayı söyleyelim: *İçimdeki çocuğu sevip kabul etmeye çok niyetliyim.*

8. Gün Ayna Çalışması Egzersiziniz

1. Beş yaşındaki bir fotoğrafınızı bulun ve banyo aynanıza yapıştırın.

2. Birkaç dakika boyunca fotoğrafa bakın. Ne görüyorsunuz? Mutlu bir çocuk mu yoksa mutsuz bir çocuk mu?
3. Aynaya bakıp içinizdeki çocukla konuşun. Fotoğrafa da bakabilirsiniz, hatta aslında gözlerinizin içine bakın... Neresi size daha rahat gelirse. Eğer çocukken bir takma adınız vardıysa, bunu içinizdeki çocukla konuşurken kullanın. Aynanın önüne oturmak çok daha iyi olacaktır çünkü eğer ayakta kalırsanız, kısa süre içinde zihninize zorlu duygular dolacak ve içinizden bir şey hızla kapıdan çıkıp gitmenizi isteyecektir. O yüzden oturun, bir kutu mendil alın ve çalışmaya başlayın.
4. Kalbinizi açın ve içinizdeki tüm derin düşünceleri paylaşın.
5. İşiniz bittiğinde, şu olumlamaları söyleyin: *Seni seviyorum canım. Senin için buradayım. Güvendesin.*

Güç İçinizde: 8. Gün Günlük Yazma Egzersiziniz

1. Bu çalışma için pastel boyalara, kuru boyalara ya da renkli uçlu tükenmez kalemlere ihtiyacınız olacak.
2. Kullanmadığınız elinizle, yani sürekli yazı yazmadığınız elinizle, çocukluk halinizi çizin. Yaratıcı olun!
3. Bu çizimi banyo aynanıza yapıştırın.

4. Resime bakıp içinizdeki çocukla konuşmaya başlayın.
5. Çocuğunuza aşağıdaki soruları sorup, cevaplarını günlüğünüze yazın: *Nelerden hoşlanırsın? Nelerden hoşlanmazsın? Seni ne korkutur? Neye ihtiyacın var? Seni mutlu etmek için ne yapabilirim?*
6. Gözlerinizi kapatıp birkaç dakika boyunca, içinizdeki çocuktan neler öğrendiğinizi ve bunun size olan yansımalarını düşünün.

8. Gün Kalp Düşünceniz: *İçimdeki Çocuğu Sevgiyle Kucaklıyorum*

İçinizdeki çocuğa iyi bakın. Bu, o korkan çocuk. Bu, o acı çeken çocuk. Bu, o ne yapacağını bilmeyen çocuk.

Çocuğunuz için orada olun. Onu kucaklayın, onu sevin ve ihtiyaçlarını karşılamak için ne gerekiyorsa yapın. Ne olursa olsun, daima onun yanında olduğunuzu bilmesini sağlayın. Ona asla sırtınızı dönmeyecek ya da onu yok saymayacaksınız. Bu çocuğu her daim seveceksiniz.

8. Gün Meditasyonunuz: Azat edin ve Rahatlayın

Güzel ve derin bir nefes alıp gözlerinizi kapatın. Bir derin nefes daha alıp, tüm bedeninizin tamamen rahatlamasına izin verin. Tüm dikkatinizi ayak parmaklarınıza yoğunlaştırıp parmaklarınızın tamamen gevşemesine müsaade edin. Şimdi ayaklarınızın üstünü, topuklarınızı ve bileklerinizi gevşetin. Bırakın ayaklarınız ağırlaşsın. Bu gevşemenin alt bacaklarınıza ve dizlerinize geçmesine izin verin. Sıcak ve rahatlatan gevşeme, şimdi de uyluklarınıza uzanıp hepsinin ağırlaşmasını sağlasın.

Şimdi, kalçalarınızın ve poponuzun gevşemesine izin verin. Bel bölgenizin rahatlayıp bu huzur dolu gevşekliğin göğsünüze, oradan köprücük kemiğinize ve sonra da omuzlarınıza yayılmasını sağlayın. Kollarınızın üstünün uçup gitmesine izin verin. Dirseklerinizi gevşetin. Kollarınızın altını, bileklerinizi ve ellerinizi de rahat bırakın. Vücudunuzda kalan son gerginliğin de parmaklarınızın ucundan akıp gitmesine müsaade edin. Boynunuzu gevşetin, sonra da çenenizi, yanaklarınızı ve gözlerinizin etrafındaki tüm kasları rahatlatın. Alnınızı ve kafatasınızı gevşetin. Bırakın, azat edin. Rahatlayın.

9. GÜN

İçinizdeki Çocuğu Sevmek – Bölüm İki

Bugün ayna çalışmasını, geçmişi affedip içinizdeki güzel çocuğu sevmeye başlamak için kullanacaksınız.

Bugün siz ve içinizdeki çocuk nasılsınız bakalım? Birbirinizi daha yakından tanımaya başladınız mı? Geçmişin yaralarını iyileştirmek için, içinizdeki çocukla çalışmanın en değerli metotlardan biri olduğunu öğrendim. İçimizdeki o ürkek çocukla sürekli temas halinde olamıyoruz.

Eğer çocukluğunuz fiziksel ya da sözel savaşlarla doluysa, zihinsel olarak kendinizi dövme alışkanlığı edinmiş olabilirsiniz. Bunu yaptığınızda, içinizdeki çocuğu da aynı şekilde korkutmaya devam edersiniz. Üstelik de içinizdeki çocuğun gidecek başka hiçbir yeri yoktur.

Pek çoğumuzun içindeki çocuk kendisini kayıp, yalnız ve terk edilmiş hisseder. Belki de içimizdeki çocukla çok uzun süre önce kurduğumuz tek iletişim, onu aşağılamak ya da eleştirmek biçiminde olmuştur. Sonra da neden mutsuz olduğumuzu merak ediyoruz. Kendimizden bir parçayı reddederek tam bir uyum ve bütünlük içinde yaşamayız ki.

Bugün ayna çalışmamızı, ebeveynlerimizin bizlere koyduğu sınırlamaları ortadan kaldırıp, içimizdeki kayıp çocukla bağlantı kurmak için kullanalım. Hadi, geçmişi affedip içimizdeki bu güzel çocuğu sevmeye başlayalım. Bu çocuğun, onu önemsediğimizi bilmeye ihtiyacı var.

Pek çoğumuz geçmişte bizi üzen duyguları gömmeyi tercih etmişizdir. İçinizdeki çocuğu sevmeyi öğrenmek de bu yüzden zaman alacaktır. İstediğiniz kadar zamana sahipsiniz. Bu egzersizlere geri dönüp tekrar ve tekrar yapın. Sonuca ulaşacağınıza söz veriyorum.

İçinizdeki çocuk, hâlâ daha önceden geliştirdiğiniz inançlara sahip. Eğer ebeveynlerinizin katı fikirleri vardıysa ve siz de şu anda kendinize sert davranıyorsanız veya etrafınıza duvar örmeye meyilliyseniz, içinizdeki çocuk da muhtemelen ebeveynlerinizin kurallarını takip ediyordur. Yaptığınız her hatada kendinize yüklenmeyi sürdürürseniz, içinizdeki çocuğun sabah şunu düşünerek uyanması son derece korkunç olabilir: *Acaba annemle babam bana bugün ne için bağıracak?*

Ebeveynlerimizin bize geçmişte yaptıkları şeyler, onların bilincinin ürettikleriydi. Şimdi, ebeveyn olan biziz. Şu anda kendi bilincimizi kullanıyoruz. Eğer hâlâ içinizdeki çocuğa bakmayı reddediyorsanız, kendi kininizin içinde sıkışıp kalırsınız. Bu aslında halen affetmek zorunda olduğunuz biri var anlamına gelir. Neye içerliyorsunuz ve bundan kurtulmak için neye ihtiyacınız var? Kendinizi ne için affetmiyorsunuz?

Şimdi, içinizdeki çocuğun elini tuttuğunuzu ve birkaç gün boyunca her yere birlikte gittiğinizi hayal edin. Ne kadar eğlenceli tecrübeler yaşacağınızı gözünüzün önüne getirin. Bu, kulağa aptalca gelebilir ama lütfen bir deneyin. Gerçekten işe yarıyor. Kendiniz ve içinizdeki çocuk için mükemmel bir dünya yaratın. Evren cevap verecek ve siz de içinizdeki çocukla yetişkini iyileştirmenin yollarını bulacaksınız.

Çocukluğunuz nasıl geçmiş olursa olsun –mutlu ya da hüzünlü– şu anda hayatınıza yön veren sadece ve sadece sizsiniz. Vaktinizi ebeveynlerinizi suçlayarak harcayabilir ya da sevgiyi kucaklayabilirsiniz.

Sevgi, benim bildiğim en büyük silgidir. En derin ve en acı veren anıları bile siler çünkü sevgi her şeyden çok daha fazla derinlere inebilir. Bir an için şunu düşünün: Acı dolu bir hayat mı yoksa neşe dolu bir yaşam mı istiyorsunuz? Seçim ve güç her zaman içinizde. Gözlerinizin içine bakın ve hem kendinizi hem de içinizdeki çocuğu sevin.

Hadi, şu olumlamayı söyleyelim: *İçimdeki çocuğu seviyorum. Şu anda hayatıma yön veren kişi benim.*

9. Gün Ayna Çalışması Egzersiziniz

1. Banyo aynanıza gidip, dün astığınız çocukluk resminize bakın.
2. Bir an için durun ve içinizdeki çocuğa, onu önemsediğinizi söyleyin. Şu olumlamaları tekrar edin: *Seni önemsiyorum. Seni seviyorum. Seni gerçekten seviyorum.*
3. Eğer yapabiliyorsanız aynanızın önüne oturun veya oturup elinize bir ayna alın. İçinizdeki çocukla dün başladığınız konuşmaya devam edin. Konuşmayı şuna benzer bir özürle açabilirsiniz: *Seninle uzun yıllar konuşmadığım için üzgünüm. Uzun zamandır seni azarladığım için affedersin. Birbirimizden ayrı geçirdiğimiz bütün bu zamanı telafi etmek istiyorum.*
4. Eğer elli ya da altmış yıldır içinizdeki çocukla hiç konuşmadıysanız, tekrar iletişim kurduğunuzu hissetmek biraz zaman alabilir. Fakat ısrarcı olun. Önünde sonunda, bağlantı kuracaksınız. İçinizdeki çocuğu *hissedebilirsiniz.* İçinizdeki çocuğu *duyabilirsiniz.* Hatta onu *görebilirsiniz* bile.
5. Mendil kutunuz yanınızda olsun. İçinizdeki çocukla konuşurken ağlamanız son derece normaldir. Göz-

yaşları, tıkanıklıklarınızı kırıp içinizdeki çocukla iletişime geçmenize yardım eder.

Güç İçinizde:
9. Gün Günlük Yazma Egzersiziniz

1. Küçükken en çok ne yapmaktan hoşlanırdınız? Aklınıza gelen her şeyi yazın. Bu şeyleri en son ne zaman yaptınız? Genelde içimizdeki ebeveyn bizi durdurur çünkü yetişkinler böyle şeyler yapmazlar.
2. Şimdi günlüğünüzü kaldırın ve dışarı çıkıp içinizdeki çocukla oyun oynayın. Eğlenin! Küçükken sevdiğiniz o aptalca şeyleri yapın. Yaprak yığınlarının üzerine atlamak ya da bahçe hortumunun altında koşmak gibi. Bunları yapmak, sevdiğiniz oyunların hatıralarını geri getirecektir. Eğer yaşamınızda daha çok eğlence istiyorsanız, içinizdeki çocukla bağlantı kurun. Ve o şımardığınız dönemlere geri dönün. Söz veriyorum daha çok eğlenmeye başlayacaksınız.

9. Gün Kalp Düşünceniz:
Değişip Büyümeye Niyetliyim

Yeni şeyler öğrenmeyi çok istiyorsunuz çünkü aslında her şeyi bilmiyorsunuz. Eski metotlar artık işinize yaramadığı için onları bırakmaya niyetlisiniz. Davranışınızı görüp, "Bunu daha fazla yapmak istemiyorum," demeye heveslisiniz. Olduğunuzdan çok daha fazlası olabileceğinizin farkındasınız. Daha iyi bir insan olmak değil söz ettiğim, çünkü bu yeterince iyi bir insan olmadığınızı ima eder ki hiç de doğru değildir. *Gerçekte* olduğunuzdan çok daha fazlası olabilmekten bahsediyorum.

İçinizdeki acı veren şeylere bakmak zorunda kalsanız bile, büyümek ve değişmek heyecan vericidir.

9. Gün Meditasyonunuz: İçinizdeki Çocuğu Sevmek

Zamanda geriye gidin. Kendinizi beş yaşındaki halinizle görün. Kollarınızı bu çocuğa açıp, "Ben senin geleceğinim ve buraya seni sevmeye geldim," deyin. Bu çocuğu sevgiyle kucaklayın ve yanınıza alıp şu anki zamana getirin. İkinizin yanyana bir aynanın önünde durup birbirinize sevgiyle baktığınızı hayal edin. Ve o aynanın önünde dururken, içinizde daha pek çok parçanın kayıp olduğunu da fark edin.

Şimdi zamanda daha da geriye gidip, doğduğunuz ana dönün. Doğum kanalına girdiniz. Bu, zorlu bir yolculuk olabilir. Soğuk havayı hissedip, parlayan ışıkları görebilirsiniz hatta az evvel birisi size bir şaplak atmış bile olabilir.

Geldiniz! Koca bir hayatı yaşamak için buradasınız. O minik bebeği sevin. Sevin onu!

Şimdi zaman içinde ilerleyip, yürüdüğünüz ana gidin. Ayağa kalkıp düşüyor, ayağa kalkıp düşüyor, yeniden kalkıp yine düşüyordunuz. Sonra birdenbire ayakta durabildiniz ve bir adım attınız, sonra bir adım daha ve işte yürüyordunuz! Kendinizle gurur duydunuz. O küçük çocuğu sevin. Sevin onu!

Şimdi zamanda biraz daha ilerleyip, okula ilk başladığınız güne dönün. Annenizi bırakmak istememiştiniz ama bıraktınız. Okulunuzun koridorlarına doğru ilk adımlarınızı attınız. Korkmuştunuz ama başardınız. Elinizden gelenin en iyisini yapıyordunuz. Sevin o çocuğu. Onu sevin!

Şimdi on yaşındaki halinizi ve o zamanları hatırlayın. Belki çok güzeldi; belki de çok zor zamanlardı. Hayata tutunmak için elinizden gelenin en iyisini yapıyordunuz ve başardınız da. Sevin o çocuğu. Sadece sevin onu!

Şimdi ergenliğe girdiğiniz zamana gidin ve tüm olanları anımsayın. Her şey heyecan verici, ürkütücü hatta belki de kaldırabileceğinizden çok daha zordu ama üstesinden geldiniz. Elinizden gelenin en iyisini yapıp başardınız. O halde sevin o genci. O genci sevin!

İlk işe başladığınız zamana gidin ve para kazanmanın ne denli heyecan verici olduğunu anımsayın. İyi bir izlenim yaratmayı o kadar çok istemiştiniz ki, hem öğrenecek çok şey vardı. Fakat siz elinizden gelenin en iyisini yapıp başarılı oldunuz. Sevin o kişiyi. O kişiyi sevin!

Aşkınızın karşılık bulmadığı o ilk anı ve kalbinizin nasıl kırıldığını anımsayın. Bundan sonra hiç kimsenin sizi asla sevmeyeceğinden emindiniz. Müthiş bir acı çekiyordunuz. Elinizden gelenin en iyisini yaptınız ve atlattınız. Sevin o kişiyi. O kişiyi sevin!

Şimdi de hayatınızdaki bir başka kilometre taşına gidin. Bu belki utanç verici, belki acı verici ya da belki müthişti. Her ne idiyse, o zamanki anlayışınızla, bilginizle ve farkındalığınızla elinizden gelenin en iyisini yapmıştınız. O halde sevin o kişiyi. O kişiyi sevin!

Şimdi tüm o parçalarınızı bir araya toplayıp şu anki zamana getirin. Kendinizi bütün hallerinizle, aynanın karşısında dururken görün ve yaşamınızın zenginliğine, doluluğuna baktığınızı fark edin. Elbette zorlu, acı dolu, utanç verici, kafanızın karıştığı zamanlarınız olmuştu. Ve bu son derece normal. Bunların hepsi yaşamın birer parçası. Kendizin *tamamını* sevin.

Şimdi arkanızı dönün. Karşıya bakın ve kollarını açmış, size şunu söyleyen birini hayal edin: "Ben senin geleceğinim ve buraya seni sevmek için geldim."

Hayat, kendinizi sevmek için sonsuz bir fırsattır. Geçmiş, şu anki zaman ve gelecek ile... Her parçanızı sevip kabul etmek, iyileşmek demektir. Herhangi bir parçanızı reddederek nasıl bir bütün olmayı ya da iyileşmeyi bekleyebilirsiniz ki? İyileşmek, kendinizi tekrar bir bütün haline getirmek demektir. Kendinizi sevin, her parçanızı sevin ve bir bütün olun. Her şey yolunda. Bu, gerçekten de böyle.

10. GÜN

Bedeninizi Sevmek, Acınızı İyileştirmek

Bugünkü dersimizin konusu acı:
Ne olduğu, nereden geldiği, size ne anlattığı ve ondan ne öğrenebileceğiniz.

Günlük yaşamda pek çoğumuz acıyla veya bir hastalıkla yaşarız. Bu, hayatımızın küçük bir parçası da olabilir, çok büyük bir parçası da. Bugün ayna çalışmanızı bedeninizi sevip, acınızı iyileştirmek adına yeni bir kapı açmak için kullanacaksınız.

Hiç kimse acı çekmek istemez fakat çekiyorsanız da, bundan ne öğrenebilirsiniz? Bu acı nereden geliyor? Size ne anlatmaya çalışıyor? Acı fiziksel ya da zihinsel bir hastalığın göstergesi olduğu için, hem bedenin hem de zihnin duyarlı olduklarını apaçık kabul edebiliriz.

Geçenlerde, iki minik kızı parkta oynarken izlediğimde, bununla ilgili müthiş bir şeye tanık oldum. İlk çocuk elini uzatıp arkadaşının koluna oyuncu bir tavırla vuracakken diğer kız, "Ah!" diye haykırdı. Birinci kız arkadaşına bakıp, "Neden ah dedin? Henüz sana dokunmamıştım bile," diye sordu. Arkadaşı cevap verdi: "Evet, ama dokunduğunda acıyacağını biliyordum."

Bedenimiz de, hayattaki diğer şeyler gibi, içsel düşünce ve inançlarımızın yansımasıdır. Eğer kulak verip dinlersek, sürekli bizimle konuştuğunu görürüz. Ben, bedenimizdeki her acıyı ve hastalığı kendimiz yarattığımıza inanıyorum. Bedenimizdeki her hücre, her bir düşüncemize ve ağzımızdan çıkan her kelimeye tepki verir.

Bedenimiz, biz ne yaparsak yapalım, daima optimum düzeyde sağlıklı kalmak için çalışır. Fakat sağlıksız yiyecekler ve sağlıksız düşüncelerle bedenimizi taciz edersek, kendi rahatsızlığımızı da kendimiz ortaya çıkartmış oluruz.

Acı, pek çok şekilde gelir: Ağrı, kasılma, tutulmuş bir ayak parmağı, bir yara, kan toplanması, kötü uyku, midede pis bir ağrı, bir hastalık şeklinde. Bize bir şey anlatmaya çalışır. Acı, bedenin dikkatimizi çekmek için kullandığı kırmızı bayraktır, hayatımızda bir şeyin ters gittiğini söylemek için gösterdiği son bir çabadır.

Acı hissettiğimizde ne yaparız? Genelde ilaç dolabına koşar veya eczaneye gider, bir hap alırız. Aslında bunu yaparak bedenimize, "Çeneni kapat! Seni dinlemek istemiyorum," diyoruz. Bedeniniz bir süre sessiz kalacak fakat sonra o fısıltılar geri gelecektir. Hatta bu kez, bir öncekinden daha yüksek bir sesle. Arkadaşınıza çok önemli bir şey anlattığınızı ama onun sizi dinlemediğini düşünün. Muhtemelen, bir kez daha ama daha yüksek sesle söylerdiniz. Yine sizi dinlemezse öfkelenip saldırabilirdiniz. Ya da incinip, sevilmediğinizi düşünerek susardınız.

Bazen insanlar gerçekten *hasta* olmak isterler. Toplumumuzda acıyı ya da hastalığı, sorumluluktan ya da hoş olmayan durumlardan kaçmak için kullanırız. Eğer hayır demeyi öğrenemezsek, o halde bizim yerimize hayır diyecek bir hastalık icat etmek durumunda kalırız.

Bazen, neler olduğuna dikkat etmeniz gereken önemli noktalar vardır. Bedeninizi dinlemek için kendinize izin verin çünkü temelde vücudunuz daima sağlıklı olmak ister ve sizinle işbirliği kurmaya ihtiyacı vardır.

Çektiğiniz her acıyı, bilincinizde hatalı bir fikir olduğunu söylemek isteyen birer öğretmen gibi düşünün. İnandığınız, söylediğiniz, yaptığınız ya da düşündüğünüz bir şey en yüksek iyiliğiniz için doğru değil. Ben her zaman bedenimi beni çekiştirip, "*Lütfen* dikkatini ver!" diye bağırırken hayal ederim. Bir acı ya da hastalığın arkasında yatan zihinsel akışı keşfettiğinizde, ayna çalışmanız ile bu akışı değiştirip hastalığı hapsetme şansı elde edebilirsiniz.

Dikkatinizi bedeninize verip, acıya sebep olan şeyi yok etmeye niyetli misiniz? Eğer cevabınız evetse, ayna çalışmanıza başlayıp bedeninizi sevmeyi ve acınızı iyileştirmeyi öğrenin.

Hadi, şu olumlamayı söyleyelim: *Bedenimi seviyorum. Her aşamada ihtiyaç duyduğu şeyleri karşılayarak bedenime optimal sağlık vereceğim.*

10. Gün Ayna Çalışması Egzersiziniz

1. Bugün üzerinde çalışmak istediğiniz acı ya da hastalığı seçin. Bunun mide ekşimesi olduğunu farz edelim.
2. Aynanızın karşısında durun ya da oturun.
3. Gözlerinizin içine bakıp, kendinize şunları sorun: *Bu mide ekşimesi nereden geliyor? Bana ne anlatmaya çalışıyor? Sağlıksız şeyler mi yedim? Korktuğum bir şeyler mi var? Sindiremeyeceğim bazı haberler mi aldım? Baş edemediğim, hararetli bir durum mu var? Neyi ya da kimi hazmedemiyorum?*
4. Tecrübe ettiğiniz acı veya hastalık ne olursa olsun, şunları söyleyebilirsiniz: *Özgürce ve dolu dolu nefes alıyorum. Bedenimin verdiği mesajları dinliyorum. Bedenimi sağlıklı ve şifalı besinlerle besliyorum. İhtiyacı olduğunda dinlenmesine izin veriyorum. Muh-*

teşem bedenimi seviyorum. Güvendeyim. Yaşamın süreçlerine güveniyorum. Korkusuzum. Olumlamaları söylemeye devam edin.

5. Şimdi de özellikle acınıza sebep olan bölge için bazı olumlamalar yapın. Örneğin mide sorunu yaşıyorsanız, şöyle söyleyebilirsiniz: *Midemi seviyorum. Seni gerçekten seviyorum benim sağlıklı midem. Seni sağlıklı gıdalarla besliyorum ve sen de onları zevkle öğütüyorsun. Sana iyi olman için izin veriyorum.*
6. Bu olumlamaları iki ya da üç kez daha tekrar edin.

Güç İçinizde:
10. Gün Günlük Yazma Egzersiziniz

1. Acı ya da rahatsızlık hissettiğinizde, kendinizi susturmak için zaman ayırın. Yüksek Gücünüzün, hayatınızda neyin değiştirilmesi gerektiğini size bildireceğine, böylece bu acıdan kurtulacağınıza inanın.
2. Etrafınızda en sevdiğiniz çiçeklerle dolu bir doğa olduğunu hayal edin. Tatlı ve sıcak havanın yüzünüze vuruşunu hissedin, kokusunu duyun. Bedeninizdeki her kası gevşetmeye odaklanın.
3. Kendinize şu soruları sorun: *Bu sorunla nasıl baş ediyorum? Bilmem gereken şey nedir? Hayatımın hangi bölümlerinin değişime ihtiyacı var?* Bu soru-

lar üzerine meditasyon yapıp, cevapların gelmesini bekleyin. Yanıtları günlüğünüze yazın.

4. 3. basamakta yazdığınız cevaplardan birini seçin ve bugün uygulayabileceğiniz bir aksiyon planı yazın.

Adım adım değişiklikler yapın. Çinli filozof Lao-Tzu'nun da dediği gibi, "Binlerce kilometrelik bir yolculuk, ilk adımı atmakla başlar." Minik bir adım ve peşinden gelecek bir adım daha, yaşamınızda inanılmaz değişiklikler yaratabilir. Acı, bir gecede yok olmaz, gerçi bazen olabilir de. Acının yüzeye çıkması zaman alır, böylece ona daha fazla ihtiyaç kalmadığını anlamak için biraz vakit geçebilir. Kendinize karşı nazik olun.

10. Gün Kalp Düşünceniz:
Bedenimin Verdiği Mesajları Dikkatle Dinliyorum

Beden de, yaşamdaki diğer her şey gibi, içsel düşünce ve inançlarınızın bir yansımasıdır. Her hücre, aklınızdan geçen her düşünceye ve ağzınızdan çıkan her kelimeye tepki verir.

Bu değişim dünyasında, sizler tüm alanlarda esnek olmayı tercih ettiniz. Dünyanızın ve hayatınızın kalitesini arttırmak için kendinizi ve düşüncelerinizi değiştirmeye isteklisiniz. Bedeniniz sizi, sizin ona davranış biçiminizden ilham alarak sever. Bedeniniz sizinle iletişim kuruyor ve artık siz de onun verdiği mesajları dinliyorsunuz. Mesajı almaya niyetlisiniz.

Dikkatinizi verip gerekli düzeltmeleri yapın. Bedeninizi seviyor ve ona optimal sağlığını geri vermek için, her seviyede ihtiyaç duyduğu şeyleri karşılıyorsunuz. İhtiyacınız olduğu anda, zaten yanınızda olan içsel gücünüzü çağırın.

10. Gün Meditasyonunuz: Sağlık İçin Pozitif Olumlamalar

Sağlığınızı ve iyileşmenizi destekleyecek bazı pozitif olumlamalar aşağıdadır. Onları sık sık tekrarlayın:

Bedenim için en iyi olan besinlerden zevk alıyorum.

Bedenimin her hücresini seviyorum.

Sağlıklı seçimler yapıyorum.

Kendime karşı saygım var.

Sağlıklı bir ihtiyarlık için can atıyorum çünkü şu anda bedenime bakmayı çok seviyorum.

Sürekli sağlığımı geliştirecek yeni şeyler keşfediyorum.

Her seviyede ihtiyacı olan şeyleri ona vererek, bedenimi optimum sağlığına döndürüyorum.

İyileşme gerçekleşir. Zihnimi geri çekiyor ve bedenimin kendi zekası ile doğal bir şekilde iyileşmesine izin veriyorum.

Benim özel bir koruyucu meleğim var. Her zaman ilahi bir şekilde bana yol gösteriliyor ve korunuyorum.

Mükemmel sağlık benim ilahi hakkım ve ben bunu şimdi talep ediyorum.

Sağlıklı bedenim için minnettarım. Yaşamı seviyorum.

Yeme alışkanlıklarım üzerinde kontrolü olan tek kişi benim. Eğer istersem, her şeye direnç gösterebilirim.

Su en sevdiğim içecektir. Bedenimi ve zihnimi temizlemek için bol bol su içerim.

Zihnimi güzel düşüncelerle doldurmak, sağlığa doğru giden en kestirme yoldur.

11. GÜN

İyi Hissetmek, Öfkenizi Serbest Bırakmak

Bugünkü hedefiniz öfke: O sizi hasta etmeden evvel onunla nasıl baş edip serbest bırakacağınız ve içinizde daha fazla pozitif duyguya nasıl yer açacağınız.

Her gün kendinizle konuşup, kendinize sevildiğinizi söylemek nasıl bir duygu? Aynanıza bakın ve kendinizi tebrik edin. Duygularınıza derinlemesine bakıp, geçmişinizi azat etmeye başladınız. Artık kafanızda pozitif olumlamalarla dolu bir bandı döndürmeyi öğreniyorsunuz. Şu ana kadar kat ettiğiniz süreçleri kutlayın. Ben *SİZİ* ve ayna çalışmasına olan bağlılığınızı kutluyorum.

Geçmişinizi deşip duygularınızı serbest bırakırken, kendinize ya da belirli bir olaya yönelmiş bazı öfke dolu duygular hissetmiş olabilirsiniz. O yüzden bugün size, affedip içinizdeki öfkeyi serbest bırakarak, kendinizi iyi hissetmeniz konusunda yardımcı olacağım.

Öfke dürüst bir duygudur. Fakat dışa vurulmadığında, sürecini içeride yani bedende tamamlar ve genellikle hastalık ya da fonksiyon bozukluğu şeklinde kendini gösterir.

Genel anlamda hep aynı şeylere karşı öfke duyarız. Kızdığımızda, bunu dışa vurmaya hakkımız yokmuş gibi hissederiz, o yüzden de öfkemizi yutarız. Bu da gücenmeye, acı çekmeye ya da depresyona sebep olur. O yüzden öfkemizle baş edip, ortaya çıktığında onu serbest bırakmak iyi bir şeydir.

Eğer kendinizi fiziksel olarak ifade etme ihtiyacı duyarsanız, birkaç yastık alıp onlara vurun. Öfkenizin doğal akışını izlemesinden korkmayın. Zaten uzun zamandır duygularınızı bastırdınız. Öfkeli olmak utanılacak ya da suçluluk duyulacak bir şey değildir.

Öfkeyle baş etmenin en iyi yollarından biri de, öfkelendiğiniz kişi ile konuşmaktır. Birine bağırmak istediğinizde, bilin ki öfkeniz uzun zamandır içinizde birikmiş demektir. Bunun sebebi, karşı tarafla konuşamayacağınıza inanmanızdır. Öfkemizi dışa vurmanın ikinci en iyi yöntemi ise, aynadaki kişi ile konuşmaktır.

Ayna çalışması tüm duygularınızın dışarı çıkmasına yardımcı olur. Öğrencilerimden biri, öfkesini atmakta zorlanıyordu. Entelektüel anlamda duygularını anlıyordu, buna rağmen onları sesli biçimde ifade edemiyordu. Ayna çalışması ile bu dışa vurumu yapmak için kendine izin verdiğinde, bağırıp annesine ve alkolik kızına bir sürü isim takarak haykırdı. Kinini serbest bıraktığında ise, omuzlarındaki tüm yükten kurtulmuş gibiydi. Daha sonra kızı onu ziyarete geldiğinde, kendisini kızına sarılmaktan alıkoyamadı. Bunların hepsinin mümkün olma sebebi, uzun zamandır bastırdığı öfkesini atıp onun yerini sevgi ile doldurmaktı.

Pek çok insan bana, öfkelerini karşılarındaki kişiye yönelttiklerinde ve bu şekilde attıklarında kendilerini çok daha mutlu hissettiklerini söylüyor. Aslına bakarsanız bu, çok uzun zamandır omuzlarda taşınan ağır bir yük olduğu için bu şekilde hissediliyor.

İçinize bakın ve öfkenizin bir cevabı olduğunu ve onu bulacağınızı bilin. Kızgınlığın vücudunuzdan rahat bir şekilde çıkıp gittiğini hayal edebilmek son derece iyileştirici bir meditasyondur. Öfkenizin objesi olan kişiye sevgi gönderip aranızda ne tür bir uyumsuzluk olursa olsun, sevginizin onda çözündüğünü görün. Uyumlu olmaya niyetlenin. Belki de öfkeniz size, diğer insanlarla doğru iletişim kurmadığınızı hatırlatıyordur. Bunun farkına varırsanız, düzeltmeniz de mümkün olur.

Hadi, şu olumlamayı söyleyelim: *Duygularımın olması normal bir şey. Bugün, nasıl hissettiğimi pozitif şekilde ifade ediyorum.*

11. Gün Ayna Çalışması Egzersiziniz

1. Kendinizi güvende hissedeceğiniz ve rahatsız edilmeyeceğiniz, aynalı bir yer bulun.
2. Aynada gözlerinizin içine bakın. Bunu yaparken hâlâ rahat hissetmiyorsanız, ağzınıza ya da burnunuza odaklanın.
3. Kendinizi veya size yanlış yaptığını düşündüğünüz kişiyi görün. Öfkelendiğiniz anı hatırlayın ve öfkenizin tekrar geri gelmesine izin verin. Bu insana tam olarak niçin öfkelendiğinizi anlatmaya başlayın. Hissettiğiniz tüm öfkeyi ifade edin. Spesifik olun. Şöyle bir şey söyleyebilirsiniz: *Sana çok kızgınım çünkü (sebebi söyleyin). Kırıldım çünkü (sebebi söyleyin). Çok korktum çünkü (sebebi söyleyin).*
4. Gerçekten tüm öfkenizden kurtulduğunuzdan emin olana dek, bu egzersizi birkaç kez tekrar edebilirsiniz. Tek ya da birkaç farklı öfke üzerinde çalışabilirsiniz. Size doğru gelen şey ne ise, onu yapın.

Güç İçinizde:
11. Gün Günlük Yazma Egzersiziniz

1. Hayatınızın çoğu dönemi için öfkeli misiniz? Bu alışkanlık haline gelmiş öfke hissinden kurtulmanıza

yardım edecek şu soruları yazın: *Neden her seferinde öfkeli olmayı seçiyorum? Art arda beni kızdıracak durumları yaratmak için ne yapıyorum? Hâlâ kimi cezalandırıyorum? Diğerlerine beni rahatsız etme ihtiyacını, ne yaparak veriyorum?*

2. Şimdi kendinize şu soruları sorup cevaplarınızı yazın: *Ne istiyorum? Beni ne mutlu eder? Kendimi mutlu etmek için ne yapabilirim?*
3. Kendinizi iyi hissetmek için içinizde yeni yerleri nasıl yaratacağınızı düşünün. İyimser ve neşeli davranış biçimlerini ve inançları yaratabileceğiniz yollar bulun.

11. Gün Kalp Düşünceniz: *İyi Hissetmeyi Hak Ediyorum*

Hayat çok basittir. Tecrübelerimizi, düşüncelerimiz ve duygularımızla yaratırız. Kendimizle ve yaşamla ilgili inançlarımız bizim için gerçek olur. Düşünceler, kelimelerin yanyana dizilmiş halidir. Aslında hiçbir anlamları yoktur. Onlara anlam veren *bizleriz*. Zihnimizdeki negatif mesajlara durmadan odaklanarak, onlara anlamlar yüklüyoruz.

Duygularımızla ne yaptığımız son derece mühimdir. Onları dışa vuracak mıyız? Diğerlerini cezalandıracak mıyız? Hüzün, yalnızlık, suçluluk, öfke ve korku duygularının tamamı normal hislerdir. Fakat bu duygular dizginleri ele alıp bizi yönetmeye başlarsa, hayat duygusal bir savaş alanına dönebilir.

Ayna çalışması ile kendinizi sevip pozitif olumlamaları uygulayarak, kendinizi iyileştirip şu an hissettiğiniz her türlü kaygıdan kurtulabilirsiniz. Duygusal hayatınızda huzur ve rahatlığı hak ettiğinize inanıyor musunuz?

Hadi, şu olumlamayı söyleyelim: *İyiliğime karşı direnç oluşturan kalıpları zihnimden atıyorum. İyi hissetmeyi hak ediyorum.*

11. Gün Meditasyonunuz: İyileştirici Işığınız

Kalbinizin derinliklerine, tam ortasına bakın ve parlak renklerden oluşan toplu iğne başı kadar olan o minik yuvarlağı görün. Rengi inanılmaz güzeldir. İşte orası sevginizin ve iyileştirici enerjinizin tam merkezidir. O minik yuvarlağın nabız atışı esnasında girdiği renkleri izleyin. Atarken, kalbinizi dolduracak kadar genişliyor. Bu ışığın bedeninizin içine doğru girişini ve başınızdan ayak parmaklarınıza kadar her yeri dolaştığını hayal edin. Siz de kesinlikle sevgi ve iyileştirici enerjinizle, bu muhteşem renkler gibi parlıyorsunuz. Bütün vücudunuzun bu ışıkla titremesine izin verin. Kendi kendinize şunu söyleyin: *Aldığım her nefeste, giderek daha sağlıklı oluyorum.*

Bu ışığın, bedeninizdeki tüm hastalıkları temizlediğini ve sağlıklı titreşimler yaydığını hissedin. Sonra bu ışığın sizden dışarıya, her yöne doğru yansımasına izin verin ki iyileştirici enerjiniz, etrafınızda ihtiyacı olan herkese dokunsun. İyileşmeye ihtiyacı olan herkesle sevginizi, ışığınızı ve iyileştirici enerjinizi paylaşabilmek ne büyük bir ayrıcalık. İzin verin ışığınız hastanelere, kliniklere, yetimhanelere, hapishanelere, akıl hastanelerine ve diğer kuruluşlara da girerek oradakilere umut, aydınlanma ve huzur götürsün. Bırakın bu ışığınız, yaşadığınız şehirdeki her evin içine dolsun. Nerede acı varsa, sevginiz ve ışığınız ihtiyacı olanları rahatlatsın.

Gezegende, iyileşmesine yardım etmek istediğiniz bir yer seçin. Burası çok uzakta bir yer de olabilir, yanı başınızda bir yer de. Sevginiz, ışığınız ve iyileştrici enerjinizin buraya doğru akmasına konsantre olun ve onun dengelenip uyum içinde gidişini hayal edin. Onu bir bütün olarak görün. Her gün seçtiğiniz özel bir yere sevginizi, ışığınızı ve iyileştirici enerjinizi göndermek için vakit ayırın.

Verdiğimiz şeyler, katlanarak bize geri dönerler. Sevginizi verin. O da katlanarak size dönecektir.

12. GÜN

Korkunuzun Üstesinden Gelmek

Bugün üzerinizdeki korkuyu etkisiz hale getirip yaşamın size iyi baktığına güvenmeyi öğreneceksiniz.

Aynaya bakıp derin bir nefes alın ve oradan size bakan o güzel kişiye bir öpücük gönderin. Her gün daha da güçlü oluyorsunuz. Aynanıza, geçmişinizi serbest bırakmanızı sağlayıp yolunuza daha pozitif düşünceler yansıttığı için teşekkür edin. Hayat sizi seviyor ve ben de öyle!

Bugün ayna çalışmanız sizi kendinizi sevmekten, başkalarını affetmekten ve hak ettiğiniz mutlu hayatı yaşamaktan alıkoyan bir duygu üzerine olacak. Bu duygunun adı korku.

Günümüzde korku savaş, cinayet, açgözlülük ve güvensizlik hallerine bürünmüş bir rampa gibi gezegeni sarmış durumda. Korkunuzun üstesinden geldiğinizde, hayata güvenmeye başlarsınız. Hayatın size iyi baktığına güvenmeye başlarsınız.

Uluslararası En Çok Satanlar Listesine girmiş *Korksan da Vazgeçme (Feel The Fear...and Do It Anyway)* isimli kitabında, yazar Susan Jeffers şöyle der: "Eğer yaşamında yepyeni bir şeye yaklaşan herkes korku hissetseydi, o zaman 'korkuya rağmen' bunu yapabilen bir sürü insan olmazdı. O halde *asıl sorunun korku olmadığı* sonucuna varabiliriz." Yazar gerçek problemin korkunun kendisi değil, ona nasıl *tutunduğumuz* olduğuna inanıyor. Güçlü bir pozisyondan kaçmak için ya da yardım alamayacağımız bir durumdan korunmak için korkuya sığınıyoruz. Gerçek şu ki, korkumuzun bütün bunlarla hiç alakası yok.

Siz korkularınıza ne kadar güç veriyorsunuz?

Aklınızda korku dolu bir düşünce belirdiğinde, aslında o düşüncenin yapmak istediği şey sizi korumaktır. Fiziksel olarak korktuğunuzda, sizi tehlikeden uzak tutmak için bedeninizde adrenalin salgılanır. Aynı şey zihninizde korku oluşunca da gerçekleşir.

Ayna çalışmanızı yaparken, size korkunuzla konuşmanızı tavsiye ederim. "Beni korumak istediğinin farkındayım. Bana yardım etme isteğini takdir ediyorum. Ve sana teşekkür ediyorum," diyebilirsiniz. Korku dolu düşüncelerin asıl amacının size göz kulak olmak olduğunun bilincine varın.

Ayna çalışmanızı yaparken korkularınızı gözlemleyip, onları doğru yönlendirerek aslında onların siz *olmadığını* fark edeceksiniz. Onları, film perdesinde gördüğünüz görüntülermiş gibi düşünün: Ekranda gördüğünüz şey, aslında orada değil. Ekranda hareket eden resimler sadece anlık şekilde arka arkaya dizilmiş görüntülerden ibarettir. Korkularınız da tıpkı böyle hızlı hızlı gelir ve gider, ta ki siz onlara tutunmakta ısrar edene dek.

Korku sadece zihninizin sınırlandırılmasıdır. Hasta olma, işsiz kalma, sevdiğiniz birini kaybetme ya da sevgilinizin sizi terk edeceği korkusu. Sonra bu korku bir savunma mekanizması haline gelir. İşte bu yüzden, bugünkü ayna çalışmanız son derece önemli çünkü bu çalışma ile zihninizde korku dolu durumları yaratmayı durduracak ve böylece korkunuzun güçlenmesini engellemiş olacaksınız.

Ben, sevgi ve korku arasında bir seçeneğimiz olduğuna inanıyorum. Değişme ve değişmeme korkusunu, gelecekten korkmayı ve risk almaktan korkmayı tecrübe ediyoruz. Yakınlıktan korkuyoruz ve yalnız kalmaktan korkuyoruz. İnsanların kim olduğumuzu, neye ihtiyaç duyduğumuzu bilmelerinden korkuyoruz ve geçmişten kurtulmaktan korkuyoruz. Fakat zihin aynı anda iki karşıt fikri kaldıramaz ve spektrumun diğer ucunda korkuya karşılık gelen şey sevgidir. Sevgi, hepimizin aradığı sihirli bir işçi gibidir. Kendinizi severseniz, kendinize iyi bakabilirsiniz.

Korktuğunuzda kendinize şunu hatırlatın: Kendinizi

sevmiyor ve güvenmiyorsunuz. Yeterince iyi olmadığınızı düşünmenizin temelinde yatan şey aslında korkularınızdır. Fakat kendinizi *tamamen* sevip onayladığınızda, korkularınızın da üstesinden gelmeye başlarsınız.

Kalbinizi, bedeninizi ve zihninizi güçlendirmek için ne gerekiyorsa yapın. Aynanıza ve içinizdeki güce dönün.

Hadi, şu olumlamayı söyleyelim: *Her şey yolunda. Her şey iyiliğim için çalışıyor. Güvendeyim. Sevgi benim gücüm. Tek gerçek olan şey sevgidir.*

12. Gün Ayna Çalışması Egzersiziniz

1. Şu an, tecrübe ettiğiniz en büyük korkunuz nedir? Bunu bir yapışkanlı kağıda yazıp, aynanızın sol tarafına yapıştırın. Bu korkuyu tanıyın ve ona şunları söyleyin: *Beni korumak istediğini biliyorum. Bana yardım etmek istemeni takdir ediyorum. Sana teşekkür ediyorum. Şimdi, gitmene izin veriyorum. Seni serbest bırakıyorum ve ben güvendeyim.* Sonra kağıdı alıp yırtın ve çöpe atın veya tuvalete atıp sifonu çekin. Korkudan nasıl kurtulursanız kurtulun çünkü burada asıl nokta, onu serbest bırakmak.
2. Tekrar aynaya bakıp şu olumlamaları söyleyin: *Seviyor ve güveniyorum. Sevgi ve hayat bana göz kulak oluyorlar. Ben, beni yaratan Güç ile beraberim. Güvendeyim. Dünyamda her şey yolunda.*

3. Şimdi aynaya bakarak, nefes alıp verişinizi gözlemleyin. Korktuğumuz zaman genelde nefesimizi tutarız. Eğer kendinizi tehdit altında ya da korkmuş hissediyorsanız sık nefes alıp verin. Birkaç kez derin nefes alın. Nefes almak, içinizde bulunan gücün yerini genişletir. Omurganızı güçlendirir, göğsünüzü açar ve naif kalbinize, genişlemesi için alan verir.
4. Doğal şekilde nefes alıp, nefesinizi gözlemlemeye devam edin. Bunu yaparken, şu olumlamaları tekrarlayın: *Seni seviyorum, (isim). Seni seviyorum. Seni gerçekten seviyorum. Hayata güveniyorum. Hayat bana, ihtiyaç duyduğum her şeyi veriyor. Korkacak hiçbir şey yok. Güvendeyim. Her şey yolunda.*

Güç İçinizde:
12. Gün Günlük Yazma Egzersiziniz

1. Şu başlıkların altına, en büyük korkularınızı yazın: *Aile, Sağlık, Kariyer, İlişkiler* ve *Para.*
2. Sonra da listelediğiniz her korkuya karşılık bir ya da iki pozitif olumlama yazın. Örneğin, *Hasta olup kendime bakamayacağımdan korkuyorum,* yazdıysanız; buna karşılık, İhtiyacım olan tüm yardımı daima kendime çekerim, olumlamasını yazabilirsiniz.

12. Gün Kalp Düşünceniz: *Ben Daima Mükemmel Şekilde Korunuyorum*

Unutmayın: Aklınıza ne zaman korkutucu bir düşünce gelse, aslında onun yapmak istediği şey sizi korumaktır. Korkuya, "Bana yardım etmek istemeni takdir ediyorum," deyin. Ardından bu olumlamayı, korkunun ne korkusu olduğunu tam olarak belirterek söyleyin. Korkuyu tanıyıp ona teşekkür edin fakat ona sakın bir güç ya da önem vermeyin.

12. Gün Meditasyonunuz: Güvenli ve Sevgi Dolu Bir Dünya Yaratmak

Bugünü ve her günü, öğrenme zamanı ve yeni bir başlangıç olarak düşünün. Bunun değişip büyümek için bir fırsat olduğunu, bilincinizi yeni bir seviyeye açmak olduğunu ve hayalini kurduğumuz dünyanın vizyonunu oluşturmak olduğunu düşünün. Vizyonumuz, dünyayı yaratmaya yardım eder. Kendimizi ve gezegenimizi yepyeni ve güçlü şekillerde görmek için, benimle beraber gelin.

Herkesin onurlu olduğu bir dünyayı zihninizde canlandırın. Hangi milletten ya da ırktan olursa olsun, herkesin desteklendiği ve güven içinde olduğu bir dünya hayal edin. Her yerde, tüm çocuklara mücevher gibi değer verildiğini ve tüm çocuk tacizlerinin yok olduğunu görün. Okulların değerli zamanlarını, çocuklara kendilerini sevmek, ilişki kurmak, ebeveyn olmak, parayı yönetip finansal anlamda güven içinde olmak gibi önemli konuları öğretmek için harcadıklarını düşünün. Sonra bütün hasta insanların yeniden sağlıklarına kavuştuklarını ve doktorların insanlara sağlıklı kalmayı öğrettiklerini, hastalık denen şeyin geçmişte kaldığını hayal edin. Acının ve acı çekmenin yok olduğunu ve hastanelerin apartmanlara dönüştürüldüğünü görün.

Bütün evsizlere iyi bakıldığını ve çalışmak isteyen herkesin iş sahibi olduğunu zihninizde canlandırın. Hapishanelerdeki güvenlik görevlilerinin özsaygı ve özgüven geliştirdiklerini, mahkumların da aynı şekilde onlara benzediğini ve hepsinin yaşamı seven, sorumluluk sahibi insanlar olarak salıverildiklerini hayal edin. İbadethanelerinin lugatlarından günah ve suçluluk duygusunu kaldırdıklarını ve insanlara kendi ilahi varoluşlarını ifade edebilmeyi öğretip, en yüksek iyiliklerini bulmalarını sağladıklarını düşünün. Hükümetlerin herkese gerçek adaletle çok iyi baktıklarını ve hepsine merhamet gösterdiklerini görün. Açgözlülük yok olurken dürüstlük ve adaletin tüm iş hayatına geri döndüğünü hayal edin. Kadınların ve erkeklerin, onurlu yaşamak adına birbirlerine güç verdiklerini ve şiddete dair her türlü fiilin ortadan kalktığını düşünün. Saf su, sağlıklı yiyecekler ve temiz havanın hepimizin vazgeçilmezleri olduğunu varsayın.

Hadi, şimdi dışarı çıkıp tertemiz yağmuru hissedelim. Yağmur durduğunda bulutlar dağılsın ve güzel bir gökkuşağı ile birlikte güneşi görelim. Temiz havaya dikkat edelim. Tazeliğinin kokusunu duyalım. Nehirlerdeki ve göllerdeki suların pırıl pırıl olduğunu görelim. Bereketli bitki örtüsüne bakalım. Yoğun ormanları, yığınla çiçekleri ve herkese yetecek kadar dopdolu meyve ve sebzeleri görelim.

Dünyadaki herkesin huzur ve bereketten haz alarak, birbirleriyle uyum içinde yaşadıklarını düşünün. Yatıp kollarımızı ve kalplerimizi açınca yargılama, eleştirme ve önyargının giderek silinmeye başladığını ve eski moda şeyler olarak kaldıklarını hayal edin. Sınırların yıkıldığını, ayrımların yok olduğunu görün. Hepimizin bir olduğunu, gerçek anlamda birbirini önemseyen kardeşler haline geldiğimizi düşünün.

Gezegenimiz Dünya'nın iyileşip bir bütün olduğunu görün, toprak rahatlayıp huzur buldukça doğal afetlerin yok olduğunu hayal edin.

Bu gezegende olmasını istediğiniz diğer pozitif şeyleri düşünün. Bu fikirleri zihninizde tutmaya devam ettiğiniz ve onları gözünüzde canlandırdığınız sürece bu yeni, güven ve sevgi dolu dünyanın yaratılmasına yardım etmiş olacaksınız.

13. GÜN

Gününüze Sevgiyle Başlamak

Bugün, güne başlama biçiminizin gününüzün kalan kısmını nasıl şekillendirdiğini keşfedeceksiniz. Pozitif olabilme gücünün, her şeyi nasıl daha iyi hale getirdiğini öğreneceksiniz.

Tebrikler! Bu kursun, ilk 12 dersini tamamladınız. İnanç düzeninizi değiştirmek ve sağlıksız duygularınızı serbest bırakmak adına, ayna çalışmasını nasıl kullanacağınızı öğrendiniz. Ayna çalışmasının gücünü ve yaşamınızı nasıl değiştirdiğini hissetmeye başladınız mı?

Bugün, ayna çalışmasının hayatınızdaki bazı özel konuları nasıl iyileştireceğini öğreneceksiniz. Önce, güne nasıl başladığınızla başlayalım. Sabahın ilk saatinin son derece önemli olduğunu biliyor muydunuz? Onu nasıl geçirdiğiniz, günün kalanını nasıl geçireceğinizi de belirler.

Bugün *siz* güne nasıl başladınız? Kalktığınızda, ağzınızdan ilk çıkan sözler neydi? Şikayet mi ettiniz? Yaşamınızda yolunda gitmeyen şeyleri mi düşündünüz?

Genelde güne nasıl başlarsanız, hayatınızı da o şekilde yaşarsınız.

Banyo aynanıza ilk baktığınızda, ne söylüyorsunuz? Duş alırken ne söylüyorsunuz? Giyinirken ne söylüyorsunuz? İşe giderken, evden nasıl çıkıyorsunuz? Çabucak kapıdan fırlıyor musunuz yoksa durup güzel bir şey mi söylüyorsunuz? Arabaya bindiğinizde, ilk yaptığınız şey nedir? Kapıyı çarpıp işe gitmekle ilgili söyleniyor musunuz, yoksa trafikten keyif mi alıyorsunuz?

Pek çok insan güne, "Kahretsin! Bir gün daha başladı ve ben kalkmak zorundayım!" diyerek başlar. Eğer gününüze böyle mızmızlanarak başlıyorsanız, hiçbir zaman iyi bir gün geçiremezsiniz. Bu mümkün değil. Eğer sabahı rezil etmek için elinizden geleni yaparsanız, gününüz de rezil olur.

Benim, yıllardır yaptığım bir rutinim var. Uyandığım an, bedenimi büzüp yatağa iyice gömülürüm ve güzel bir uyku çektiğim için, yatağıma teşekkür ederim. Günüme pozitif düşüncelerle başlamak adına, bunu birkaç dakika boyunca tekrar ederim. Kendime şöyle şeyler söylerim: *Bu, güzel bir gün. Bugün gerçekten güzel olacak.* Sonra yataktan kalkar, banyoya gider ve iyi çalıştığı için bedenime teşekkür ederim.

Esnemek için de biraz vakit ayırırım. Banyonun kapısında bir egzersiz çubuğum vardır, bunu tüm bedenimi esnetmek için kullanırım. Çubuğa tutunur, üç kez dizlerimi göğsüme çeker sonra bir süre orada asılı dururum. Esnekliği ve sağlığı korumak adına, sabahları vücudumu esnetmenin son derece iyi bir şey olduğunu keşfettim.

Birkaç esneme hareketinin ardından, bir fincan çay yapıp yatağa götürürüm. Yatağımı çok severim. Arkasını özellikle çıkıntılı yaptırdım, böylece okurken ya da yazarken yaslanabiliyorum.

Bedenimi ve zihnimi esnetmek benim sabah ritüelimdir. Sonra kalkmaya başlarım. Günün kalan kısmıyla yüzleşmeden evvel, kendime iki saat ayırırım. İşleri ağır ağır yapmaktan hoşlanırım, zira vaktimi hoyratça kullanmamayı öğrendim.

Eğer çocuklarını okul için hazırlamak durumunda olan meşgul bir anne veya babaysanız ya da işe erken gitmek zorunda olan biriyseniz, gününüze doğru şekilde başlamak için sabah kendinize biraz vakit ayırmanız son derece mühim. Sadece on ya da on beş dakikanızı ayırsanız bile, bu kesinlikle gerekli. Bu sizin, özbakımınız için gereken bir zaman.

Kalktığınızda size iyi gelecek bir ritüelinizin olması ve kendi kendinize, sizi iyi hissettirecek bir şeyler söylemeniz önemlidir. Kendiniz için mümkün olan en iyi günü geçireceğiniz modunuzda olun. Tabii ki bu değişiklikleri yaşamınızda hemen görecek değilsiniz. Sabah için sadece bir ritüel seçip ordan başlayın. Onu oturttuktan sonra, başka birini daha seçip uygulayın. Kendinizi fazla yormayın. Unutmayın: Buradaki anafikir, kendinizi iyi hissetmek.

Hadi, şu olumlamayı söyleyelim: *Bugün, muhteşem bir yeni gün ve muhteşem bir yeni gelecek yaratıyorum.*

13. Gün Ayna Çalışması Egzersiziniz

1. Sabah gözünüzü açar açmaz, kendinize şu olumlamaları söyleyin: *Günaydın yatak. Bu kadar rahat olduğun için teşekkür ederim. Seni seviyorum. Bugün, kutsanmış bir gün. Her şey yolunda. Bugün ihtiyaç duyduklarımı yapabilecek kadar yeterli zamana sahibim.*
2. Şimdi birkaç dakika rahatlayın ve bu olumlamaların zihninize akmasına izin verin, sonra onları kalbinizde ve günün geri kalanında bedeninizin her yerinde hissedin.
3. Kalkmak için hazır olduğunuzda, banyo aynanızın karşısına gidip gözlerinizin içine bakın. Aynadan size bakan güzel, mutlu ve dinlenmiş kişiye gülümseyin!
4. Aynaya bakarak, şu olumlamaları söyleyin: *Günaydın (isim). Seni seviyorum. Seni gerçekten ama gerçekten seviyorum. Bugün önümüze müthiş tecrübeler gelecek.* Sonra da kendinize, şunun gibi güzel bir şey

söyleyin: *Ah, bugün harika görünüyorsun. Gördüğüm en güzel gülüşe sahipsin. Sana muhteşem bir gün dilerim.*

Güç İçinizde:
13. Gün Günlük Yazma Egzersiziniz

1. Kendiniz için bir sabah ritüeli yaratın. Sabaha pozitif, mutlu ve destekleyici şekilde başlamak için yapabileceğiniz tüm adımları düşünüp yazın.
2. Sabah ritüelinizdeki her adıma karşılık, iki ya da üç olumlama yazın. Giyinirken, kahvaltınızı ederken ve arabanıza binip işinize giderken tekrar edeceğiniz olumlamalar bulun.

13. Gün Kalp Düşünceniz:
Hayata Yeni Kapılar Açıyorum

Hayatın koridorunda duruyorsunuz ve arkanızda kapalı olan bir sürü kapı var. Bu kapılar artık yapmadığınız, söylemediğiniz ya da düşünmediğiniz şeyleri ve daha fazla tekrar etmeyeceğiniz tecrübelerinizi temsil ediyor. Karşınızda ise kapılarla dolu bitmeyen bir koridor var ve bu kapıların her biri de yeni tecrübelere açılıyor.

Koridorda ilerlerken, yaşamak istediğiniz muhteşem tecrübelere doğru her kapıyı açtığınızı hayal edin. Kendinizi eğlence, huzur, iyileşme, refah ve sevgi kapılarını açarken görün. Anlayışa, şefkate ve affetmeye açılan kapıları görün. Özgürlüğe, kendinize değer vermeye ve özsaygınıza açılan kapıları düşünün. Kendinizi sevmeye açılan kapıları hayal edin. Bu kapıların hepsi önünüzde uzanıyor. İlk önce hangisini açacaksınız?

İçgüdünüzün sizi en iyi şekilde yönlendirdiğine ve ruhsal büyümenizin sürekli olarak arttığına güvenin. Hangi kapı açılır açılsın ya da kapanırsa kapansın, siz hep güvendesiniz.

13. Gün Meditasyonunuz: Sevgi İçin Pozitif Olumlamalar

Bu olumlamaların, kısa sürede sizin için gerçek olacağını bilerek, bilincinizi doldurmasına izin verin. Onları sık sık ve neşeyle tekrarlayın:

Zaman zaman sevdiklerime, onları nasıl daha çok sevebileceğimi soruyorum.

Net bir şekilde, sevgi gözleriyle görmeyi seçiyorum. Gördüklerimi seviyorum.

Yaşamıma sevgi ve romantizm getiriyorum ve bunu şu anda kabul ediyorum.

Sevgi her yerdedir ve benim tüm dünyam neşe ile doludur.

Sevgi ile karşılaştığım her günümü sevinçle yaşıyorum.

Aynaya bakıp kendime, "Seni seviyorum. Seni gerçekten ama gerçekten seviyorum," derken son derece rahatım.

Şu anda sevgiyi, romantizmi, neşeyi ve hayatın bana sunduğu tüm iyi şeyleri hak ediyorum.

Sevgi ile çevriliyim. Her şey yolunda.

Beni gerçekten seven biri ile neşe dolu, yakın bir ilişki içerisindeyim.

Ben güzel biriyim ve herkes beni seviyor.

Nereye gidersem gideyim daima sevgi ile karşılanıyorum.

Kendime sadece sağlıklı ilişkileri çekiyorum. Bana daima iyi davranılıyor.

Yaşamımdaki tüm sevgi için şükrediyorum. Sevgiyi her yerde buluyorum.

14. GÜN

Kendinizi Sevmek:

İkinci Haftanıza Genel Bir Bakış

Bugün, ayna çalışmanızdaki sürecinize bakacak ve yolculuğunuz esnasında kendinize nasıl daha çok vakit ayırıp kendinizi nasıl daha çok teşvik edebileceğinizi öğreneceksiniz.

Sizinle o kadar çok gurur duyuyorum ki! İşte ayna çalışmamızın ikinci haftasına geldik ve sizler arkadaşınızın yani aynanızın karşısında durup her gün yaşamınıza daha çok sevgiyi yanstımanın pek çok yolunu öğrenip uyguluyorsunuz! Sizler sevgiyi, neşeyi ve yaşamın size sunduğu tüm iyi şeyleri hak ediyorsunuz.

Ayna çalışmanızı yaparken kendinizi hâlâ biraz aptal ya da rahatsız hissediyor olabilirsiniz. Hiç sorun değil. Kendinize karşı sabırlı olup, her gün yeni egzersizlerinizi yapmanız konusunda sizi destekliyorum. Değişim zor da olabilir, kolay da. Unutmayın, bu kişisel sevgi ve kabul yolculuğu. O yüzden harcadığınız tüm eforun farkına varın.

Şu ana kadar pek çok şey başardınız. Aynanızın, söyleyip yaptığınız şeyler hakkında kendinizde nasıl bir farkındalık yarattığını gördünüz. Size hizmet etmeyen şeyleri salıvermeyi öğrendiniz. Artık kendinizle yaptığınız konuşmaların daha farkındasınız, sözlerinizi dikkatle dinleyip onları pozitif olumlamalara döndürmeyi öğreniyorsunuz. İçsel eleştirmeninizi emeklerinize değer verip takdir edecek bir hayrana dönüştürme konusunda ve değişime bağlı kalmada oldukça yoğun çaba sarf ediyorsunuz. Aferin size!

Geçtiğimiz iki hafta içinde, içinizdeki çocuk iki ayrı ders konusuydu ve siz cesur bir şekilde ikisinin de üstesinden geldiniz. Kendinize kocaman bir tezahürat yapın! Kendinizi, içinizdeki çocukla tanıştırdınız ve bu ufaklığın neler hissettiğini anlamaya başladınız. Ayrıca, bu çocuğu kucaklamak ve ona güvende olduğunu, sevildiğini hissettirmek için zaman yarattınız. Kendinizi sevme konusunda bu büyük adımları atmayı başardığınız için sizlerle gurur duyuyorum.

Bu ilk 14 dersin sonunda, bedeninizin içsel düşünce ve

inançlarınızı nasıl yansıttığını keşfediyorsunuz. Bedeninizin mesajlarına dikkat etmeye başladınız. Onu ihtiyacı olan sevgi dolu şeylerle besliyorsunuz: Teşvik edici düşünceler ve pozitif olumlamalarla. Ayrıca gerçek duygularınızı ifade ettiğinizde, bunlar negatif hisler dahi olsalar, kendinizi ne kadar iyi hissettiğinizin farkına varıyorsunuz. Öfkenizi diğerlerine doğru serbest bırakma konusunda gösterdiğiniz çaba ve yaptığınız onca egzersiz için de kendinizi tebrik edin. Bu, kesinlikle yaşamınızı değiştirecek iyileştirici bir tecrübedir.

Ayna çalışmanız esnasında öfkelerinizi gözlemleyip, kaynaklarını bularak, bu hafta yeni ve çok önemli bir şey daha öğrendiniz: *Siz, korkularınız değilsiniz.* Korku yalnızca zihninizin sınırlandırılmasıdır. Sevgi ve korku arasında daima bir seçim yapabilirsiniz.

Bu hafta ayrıca, benim en sevdiğim prensiplerden birini de çalıştınız: *Genelde gününüze nasıl başlarsanız, hayatınızı da öyle yaşarsınız.* Gününüze sevgi dolu düşüncelerle başlamak için çaba harcamanız beni son derece mutlu ediyor. Bu şekilde güzel gününüzün geri kalan kısmı için, pozitif bir modda oluyorsunuz.

Sadece 14 günde, ne çok şey öğrendiğinizi gördünüz mü? Ayna çalışmasının bu yeni tecrübelerini yaşamak için kendinizi teşvik etmeye devam edin. Her zaman burada, yanı başınızda olduğumu bilin.

Hadi, şu olumlamayı söyleyelim: *İşte buradayım dünya!*

Bu ayna çalışması kursunun bana öğrettiği tüm muhteşem şeylere açığım ve onları almayı kabul ediyorum.

14. Gün Ayna Çalışması Egzersiziniz

1. Çocukken gerçekten mutlu olduğunuz bir fotoğrafınızı bulun. Bir doğum gününüzde ya da arkadaşlarınızla bir şeyler yaparken veya en sevdiğiniz yerlerden birine gittiğinizde çekilmiş bir fotoğraf olabilir.
2. Bu fotoğrafı banyo aynanıza yapıştırın.
3. Fotoğraftaki o coşku dolu, mutlu çocukla konuşun. Ona tekrar aynı şekilde hissetmeyi ne çok istediğinizi anlatın. İçinizdeki çocukla, gerçek duygularınızı ve sizi tutan şeyin ne olduğunu tartışın.
4. Kendinize şu olumlamaları söyleyin: *Tüm korkularımı azat etmeye niyetliyim. Güvendeyim. İçimdeki çocuğu seviyorum. Seni seviyorum. Mutluyum. Halimden memnunum ve seviliyorum.*
5. Bu olumlamaları on defa tekrarlayın.

Güç İçinizde: 14. Gün Günlük Yazma Egzersiziniz

1. Günlüğünüzü çıkartın ve 7. gün ilk yaptığınız çalışmayı açın.

2. O gün ayna çalışmanızı yaptıktan sonra yazdığınız gözlem ve duygularınızı okuyun.
3. Yeni bir sayfaya, bugün yani ayna çalışmanızın ikinci haftasında yaptığınız gözlem ve duygularınızı yazın. Bu egzersizleri yapmak sizin için giderek daha kolay oluyor mu? Aynaya bakarken kendinizi daha rahat hissediyor musunuz?
4. En çok başarıyı nerede elde ettiğinizi yazın. En çok sorunla nerede karşılaştığınızı yazın.
5. Engellerle karşılaştığınız yerler için yeni ayna çalışmaları ve olumlamalar yaratın.

14. Gün Kalp Düşünceniz: *Sadece Kendi Muhteşemliğimi Görmeye Niyetliyim*

Zihninizdeki ve yaşamızdaki her negatif, yıkıcı, korku dolu fikri ve düşünceyi yok etmeyi seçin. Zararlı hiçbir düşünce ya da konuşmanın parçası olmayın ve artık onları dinlemeyin. Bugün hiç kimse size zarar veremez çünkü siz zarar görme düşüncesini reddediyorsunuz. Ne kadar ikna edici görünürlerse görünsünler, yıkıcı duyguların içinde debelenmeyi reddediyorsunuz. Sizi öfkelendirecek ya da korkutacak her şeye karşı ayağa kalkıyorsunuz. Yıkıcı düşüncelerin sizin üzerinizde hiçbir gücü yok.

Siz sadece, yaşamınızda yaratmak istediğiniz şeyleri düşünüyor ve söylüyorsunuz. İhtiyacınız olan şeyleri yapma konusunda yeterli olmaktan daha fazlasısınız. Siz, sizi yaratan Güç ile birsiniz. Güvendesiniz. Dünyanızda, her şey yolunda.

14. Gün Meditasyonunuz: Gücünüzü Hissedin

Bu yeni güne, kollarınızı açmış ve sevgi dolu bir biçimde, hoş geldiniz. Gücünüzü hissedin. Nefesinizin gücünü hissedin. Sesinizin gücünü hissedin. Sevginizin gücünü hissedin. Affedişinizin gücünü hissedin. Değişim için gösterdiğiniz kararlılığın gücünü hissedin.

Siz güzelsiniz. Siz ilahi ve muhteşem bir canlısınız. Bütün iyi şeyleri, sadece bazılarını değil, *hepsini* hak ediyorsunuz. Gücünüzü hissedin ve bununla huzur bulun çünkü güvendesiniz.

3. HAFTA

15. GÜN

Kendinizi ve Canınızı Yakanları Affetmek

Bugünkü dersin konusu affetmek. Kendinizi ve canınızı yakanları affetmek ve kalbinizi kendinizi sevmenin yeni bir seviyesine doğru açmak.

Son iki hafta boyunca sizi engelleyen pek çok eski inancınızı serbest bırakmak üzerine çalıştınız. Bunun kolay bir görev olmadığını biliyorum, o yüzden sürecinizi kutlamak için kendinize vakit ayırın. Bugün aynanıza bakıp kendinizi daha hafiflemiş hissetmek nasıl bir duygu? Derin bir nefes alın. Şimdi nefesinizi verip şunu söyleyin: "Ah! Geçmişimin gitmesine izin veriyorum ve kendimi müthiş hissediyorum!"

Affetmek pek çoğumuz için zor bir konudur. Bizi uzun yıllar boyunca engelleyen pek çok duvar öreriz. Hadi elimi tutun ve beraberce, kendimizi ve canımızı yakanları affetmeyi öğrenelim. Bunu yapabilirsiniz.

Affetmek, kalplerimizi kişisel sevgiye açar. Eğer kendinizi sevmekle ilgili bir sorununuz varsa, affetmeyen bir durum içinde sıkışıp kalırsınız. Pek çoğumuz yıllar boyunca omuzlarımızda kin taşırız. Bunun, birinin bize yaptığı şeylerden dolayı en doğal hakkımız olduğuna inanırız. Ben bu durumu, kendini içerlemeye ve kin tutmaya haklı görme hapishanesine mahkum olmak şeklinde nitelendiriyorum. Haklı olabiliriz ama bu şekilde asla mutlu olamayız.

Bu fikrime karşı çıkıp, "Sen o kişinin bana ne *yaptığını* bilmiyorsun ki. Bu affedilemez bir konu," diyebilirsiniz. Affetme konusundaki isteksizlik, kendinize yapabileceğiniz en kötü şeydir. Zira acı çekmek, her gün bir kaşık dolusu zehir yutmak gibidir. Sizi yiyip bitirir. Geçmişe takılıp kalarak sağlıklı ve özgür olmanız mümkün değildir.

Öğrenebileceğiniz en iyi ruhsal derslerden biri de, herkesin o an için ellerinden gelenin en iyisini yaptığını anlamanızdır. İnsanlar sahip oldukları anlayış, farkındalık ve bilgi ile ancak yapabileceklerini yaparlar. Aynı şekilde, başkalarına kötü davranan kişilere de kendi çocukluklarında kötü davranılmıştır. En yüksek şiddete, en yüksek içsel acıya sahiptirler ve bunları fazlasıyla dışa vururlar. Elbette bu onların davranışlarını haklı göstermez veya buna bir bahane değildir. Fakat kendi ruhsal gelişiminiz için, acının farkında olmanız gerekir.

Takılıp kaldığınız o olay belki de uzun hatta çok uzun süre önce olmuştur. Bırakın gitsin. Özgür olmanıza izin verin. Kendi kendinize inşa ettiğiniz o kişisel hapishanenizi terk edip, güneşe çıkın. Eğer o durum hâlâ devam ediyorsa, o halde kendinize niçin buna katlandığınızı, niçin kendinizi bu kadar hafife aldığınızı sorun. Neden hâlâ bu durumun içinde kalıyorsunuz?

Seçme şansınız var: Orada sıkışıp kalarak acı çekebilir ya da kendinize bir iyilik yapıp, geçmişi affedip gitmesine izin vererek kendinize neşeli ve dopdolu yeni bir hayat yaratabilirsiniz. Hayatınızı istediğiniz şekle sokacak özgürlüğe sahipsiniz çünkü özgürlüğü seçme şansınız var.

Bugünkü dersin amacı kişisel saygınızı ayağa kaldırıp yaşamınıza sadece sevgi dolu tecrübeleri kabul etmeyi öğrenmek. Lütfen vaktinizi ödeşmek için harcamayın. Bu bir işe yaramayacak. Verdiğiniz şey her zaman size geri döner. O yüzden geçmişi bırakıp, hemen şimdi kendinizi sevmeye çalışın. Ancak bu şekilde muhteşem bir hayatınız olur.

Affetme çalışmasını yaparken öğrendiğim en müthiş derslerden biri de, affedeceğiniz kişilere bizzat gidip onları affettiğinizi söylemek zorunda olmayışınızdır. Bazen bunu yapmak isteyeceksiniz ama mecbur değilsiniz. Affetmenin en büyük kısmı, kendi kalbinizde ve aynanızın karşısında yaptığınız kısımdır.

Unutmayın, affetmek diğer insanların nadiren yaptıkları bir şeydir. Bu, kendiniz için.

Pek çok insan bana, birini gerçekten affettikten sonra o kişinin bir ya da iki ay içinde kendilerini aradıklarını ya da e-posta atıp affetmelerini istediklerini anlattı. Bu olay, affetme konusunu ayna çalışması ile yaptıktan sonra sık sık yaşanılan bir şey gibi duruyor. O yüzden, bugünkü derste ayna çalışması egzersizlerinizi yaparken, duygularınızı en derin şekilde ifade edin.

Hadi, şu olumlamayı söyleyelim: *Kendimi affedince, diğerlerini de affetmem kolaylaşıyor.*

15. Gün Ayna Çalışması Egzersiziniz

Affetmek konusunda çalışırken, en çok faydayı aynanın önünde yaparak elde edeceğinize inanıyorum. Size, önünde rahatça oturabileceğiniz bir ayna bulmanızı tavsiye ederim. Ben genelde, banyo kapımın arkasındaki uzun aynayı tercih ediyorum. Bu egzersizi yapmak için kendinize zaman tanıyın. Muhtemelen daha sonra da sıkça tekrar etmek isteyeceksiniz. Zira birçoğumuzun hayatında, affedilecek pek çok insan vardır.

1. Aynanızın karşısına oturup gözlerinizi kapatın. Birkaç kez derin nefes alın. Kendinizi, sandalyenize bağlanmış gibi hissedin.

2. Hayatınız boyunca canınızı yakan insanları düşünün. Bırakın zihninizden geçip gitsinler. Şimdi gözlerinizi açın ve içlerinden biriyle, yüksek sesle konuşmaya başlayın. Şuna benzer bir şey söyleyin: "Beni derinden yaraladın. Bunu hiç atlatamayacağımı sanırdım fakat artık geçmişe daha fazla takılıp kalmayacağım. Seni affetmeye niyetliyim." Eğer şu an bunu yapamıyorsanız, sadece şu olumlamayı söyleyin: *Niyetliyim.* Affetme konusunda sizi ileriye götürecek tek şey, niyetli oluşunuzdur.
3. Bir nefes alıp, seçtiğiniz kişiye: "Seni affediyorum. Seni serbest bırakıyorum," deyin. Tekrar nefes alıp, "Sen de özgürsün, ben de özgürüm," deyin.
4. Nasıl hissetiğinize bir bakın. Direnç de gösterebilirsiniz, rahatlama da hissedebilirsiniz. Eğer direnç gösteriyorsanız, nefes alıp şu olumlamayı tekrar edin: *Tüm bu direnci azat etmeye niyetliyim.*
5. Bugün ve diğer günler, bu egzersizi yapmaya devam edip affedeceğiniz kişilerin listesini genişletin. Unutmayın, affetmek bir olay değil bir süreçtir. Bir kişi üzerinde uzun zaman çalışmayı sürdürebilir ve her seferinde affetmenin derinliğine inebilirsiniz.

Belki bugün, birkaç kişiyi affedeceğiniz bir gün olur. Belki de sadece bir kişiyi affedersiniz. Bunun hiçbir önemi yok. Bu egzersizi nasıl yaparsanız yapın, sizin için doğru olan yol olduğunu bilin. Evren ve affediş sizi görür. Bazen affetmek, tıpkı bir soğanın katmanlarını tek tek soymak gibidir. Eğer çok katman varsa, bir ya da birkaç günlüğüne soğanı bir kenara kaldırın. Her zaman geri gelip, bir katmanı daha soyabilirsiniz. Bu egzersizi yapmak için bile ne kadar istekli olduğunuzu anlayın. İyileşiyorsunuz.

Güç İçinizde:
15. Gün Günlük Yazma Egzersiziniz

1. Sizi rahatlatıp huzur verecek, yumuşak bir müzik açın. Şimdi günlüğünüzü ve kaleminizi çıkartıp zihninizi boşaltın.
2. Geçmişe dönüp, kendinize kızdığınız her şeyi düşünün. Onları yazın. *Hepsini* yazın. Birinci sınıfta altınızı ıslatıp kendinizi küçük düşürdüğünüz için kendinizi asla affetmemiş olduğunuzu bile keşfedebilirsiniz. Bu yükü ne kadar uzun zamandır taşımışsınız!
3. Şimdi bu listeyi alıp, her bir madde için pozitif bir olumlama yazın. Eğer, *Kendimi (şu olay) için hiç affetmedim,* yazdıysanız o halde olumlamanız: *Bu yeni bir an. Geçip gitmesine izin vermekte özgürüm,* olabilir. Unutmayın, bazen diğer insanları affetmek kendinizi affetmekten çok daha kolay olur. Genelde kendimize mükemmeli yakıştırdığımız için, diğerle-

rine olduğundan daha çok yükleniriz. Ama artık bu eski tutumları aşmanın zamanı geldi. Kendinizi affedin. Bırakın gitsin. Kendinize, anı yaşamak ve özgür olmak için yer açın.

4. Şimdi, günlüğünüzü bırakın ve dışarı çıkın. Kumsala, parka ya da boş bir çimenliğe gidip koşun. Sallanmayın... Vahşi ve özgürce koşun. Taklalar atın. Caddelerden zıplayarak geçin ve bunu yaparken gülün! İçinizdeki çocuğu da alıp dışarı çıkın ve biraz eğlenin. Ne olmuş biri sizi görürse? Bu sizin özgürlüğünüz için!

15. Gün Kalp Düşünceniz: *Affedebilirim*

Ben hayatla bir olanım ve hayat beni sevip destekliyor. O nedenle, ben kendi başımın çaresine bakarım ve sevgi dolu kalbimi açarım. Hepimiz, her an elimizden gelenin en iyisini yaparız ve bu benim için de geçerli. Geçmiş geçmişte kaldı ve bitti. Ben ebeveynlerim ya da onların kırgınlık kalıpları değilim. Ben nevi şahsına münhasır biriyim ve kalbimi açıp sevgi, şefkat ve anlayışın gelmesine, geçmişin acı dolu tüm anılarını götürmesine izin veriyorum. Bu, benim varoluşumun gerçeği ve ben bunu böyle kabul ediyorum. Hayatımda her şey yolunda.

15. Gün Meditasyonunuz: Affetmek İçin

Aşağıda, affetmek için bazı olumlamalar var. Bunları sıkça tekrarlayın.

Kalbimin kapısı içeri doğru açılıyor. Sevgi adına affetmeye doğru ilerliyorum.

Düşüncelerimi değiştirdikçe, etrafımdaki dünya da değişiyor.

Geçmiş bitti, o yüzden şimdi hiçbir gücü yok. Şu anın düşünceleri, benim geleceğimi yaratıyor.

Kurban olmak hiç de hoş birşey değil. Artık çaresizliği kabul etmiyorum. Kendi gücüme dayanıyorum.

Kendime, geçmişten kurtularak özgürlüğü ve şu ana neşe ile geçebilme hediyesini verdim.

Sevgi ile çözülemeyecek kadar büyük ya da küçük herhangi bir problem yoktur.

İyileşmeye hazırım, affetmeye niyetliyim ve her şey yolunda.

Eski ve negatif davranış biçimlerinin artık beni sınırlandırmadığını biliyorum. Onları rahatça serbest bırakıyorum.

Kendimi affettikçe, başkalarını affetmem de kolaylaşıyor.

Mükemmel olmadığım için kendimi affediyorum. Bildiğim en iyi şekilde yaşıyorum.

Artık çocukluğuma ait tüm travmaları azat edip sevgiye doğru hareket etmem, benim için son derece güvenli.

Geçmişimdeki herkesi, yanlış algıları yüzünden yaptıkları için affediyorum. Onları sevgi ile azat ediyorum.

Hayatla ilgili önümdeki tüm değişimler pozitif ve ben güvendeyim.

16. GÜN

İlişkilerinizi İyileştirmek

Bugün eski bir sevgiyi azat edip, bozulmuş bir ilişkiyi iyileştirmeyi ve yeni bir aşk aramayı öğreneceksiniz.

Affetmek, hepimizin aradığı sihirli bir tedavi yöntemidir. Bugün kendinizi muhtemelen daha hafiflemiş ve daha güzel hissediyorsunuzdur. Özgürlüğünüzü kutlayın ve kendinizi sevgi ile kuşatın.

Aslında bugünkü başlığımız sevgi. Eski bir sevgiyi azat etmek veya bozulmuş bir ilişkiyi iyileştirmek istiyor olabilirsiniz ya da belki yeni bir aşk arıyorsunuzdur. Hemen şimdi, aynanıza bakmanızı istiyorum. Size bakan o şahane, sevgi dolu insanı görüyor musunuz? Bu hayatta tanıdığınız en önemli kişi: Yani kendiniz!

Eğer bir ilişkiyi iyileştirmek istiyorsanız, geliştirmeniz gereken ilk ilişki kendinizle olan ilişkinizdir. Eğer *siz* kendinizle birlikte olmak istemiyorsanız, başkası neden sizinle birlikte olmak istesin ki? Kendinizle mutlu olduğunuzda, diğer bütün ilişkileriniz de gelişir. Mutlu bir insan, başkalarına son derece çekici gelir. Eğer daha fazla sevgi arıyorsanız, kendinizi daha çok sevmeniz gerekir. İşte olay bu kadar basit.

Bu eleştiri yapmamak, şikayet etmemek, suçlamamak, sızlanmamak ve yalnızlığı seçmemek demektir. İçinde bulunulan zamanda, kendinizden memnun olup kendinizi iyi hissettirecek düşünceleri şimdi seçmeniz anlamına gelir.

Sevgiyi tecrübe etmenin tek bir yolu yoktur, zira herkes sevgiyi farklı şekillerde tecrübe eder. Bazılarımız için sevgiyi gerçekten tecrübe etmek kucaklanarak, dokunularak onu *hissetmek* demektir. Bazıları s*eni seviyorum* gibi kelimeleri *duymak* ister. Kimileri de mesela bir buket çiçekle, sevgiyi fiilen *görmek* ister. Genelde sevgiyi en kolay alış ve veriş şeklimiz, onu göstererek olur.

Size ayna çalışmanızı yaparak, her gün kendinizi sevmenizi öneririm. Mümkün olan her an kendinize sevgi dolu olumlamalarınızı söyleyin. Kendinize karşı büyüyen sevginizi fiilen gösterin. Kendinize sevgi ve romantizm ile yaklaşın. Kendinizi şımartın. Kendinize ne kadar özel olduğunuzu gösterin. Hayat her zaman, içimizdeki duyguları bize geri yansıtır. İçsel sevgi ve romantizminizi geliştirirseniz, onu paylaşacağınız doğru insanı tıpkı bir mıknatıs gibi çekersiniz.

Eğer yalnızlık fikrinden tamamlanma fikrine geçmek istiyorsanız, çevrenizde ve içinizde sevgi zihniyetli bir atmosfer yaratmanız gerekir. Sevgi ve romantizmle ilgili tüm negatif düşüncelerin yok olmasına izin verin. Onun yerine sevgiyi paylaşmayı, kabul görmeyi ve tanıştığınız herkesi kabul etmeyi düşünün.

Kendinizi gerçekten olduğunuz gibi severseniz dengeli, sakin ve güvende kalırsınız. Evdeki ve işyerinizdeki ilişkilerinizin hepsi harika olur. Kendinizi insanlara ve durumlara farklı tepkiler verirken bulursunuz. Bir zamanlar sizin için çok önemli olan konuları artık gözünüzde o kadar da büyütmezsiniz. Hayatınıza yeni insanlar girer ve belki de eskilerden bazıları yok olur. Bu başta biraz ürkütücü gelebilir ama tazelenme ve heyecan dolu da olabilir.

Unutmayın, neşeli şeyler düşündüğünüzde mutlu biri olursunuz. Herkes sizinle olmak ister ve ilişkilerinizin tamamı gelişip çiçek açar.

Hadi, şu olumlamayı söyleyelim: *Varoluşumun tam ortasında sonsuz bir sevgi var. Ben sevgiyim.*

16. Gün Ayna Çalışması Egzersiziniz

1. 2. gündeki ayna çalışması dersinize geri dönün.
2. Aynanızın karşısına geçin.

3. Gözlerinizin içine bakıp şu olumlamaları söyleyin: *Seni seviyorum. Seni gerçekten seviyorum.*
4. Bu kez isminizi de kullanarak, gözlerinizin ta içine bakıp: *Seni seviyorum, (isim). Seni gerçekten seviyorum*, deyin. Bu olumlamalar defalarca tekrar etmeye değer.
5. Eğer ilişkilerinizde sorun yaşıyorsanız, gözlerinizin içine bakın ve derin bir nefes alıp şunu söyleyin: *Bana iyi gelmeyen ve beni desteklemeyen tüm ilişkilerimi serbest bırakmaya niyetliyim.* Bunu aynaya bakıp beş kez tekrar edin ve her seferinde bir anlam yükleyerek söyleyin. Söylerken kast ettiğiniz ilişkilerinizi düşünün.

Güç İçinizde:
16. Gün Günlük Yazma Egzersiziniz

1. Günlüğünüze, çocukken sevgiyi nasıl tecrübe ettiğinizi yazın. Ebeveynlerinizin sevgiyi ve şefkati yansıttıklarını gözlemlemiş miydiniz? Sizi büyütürken sürekli kucakladılar mı? Yoksa ailenizde sevgi kavga, ağlama ya da sessizliğin arkasına mı gizlenmişti?
2. Sevgiye dair on tane olumlama yazıp, aynanızın karşısında çalışın. İşte bazı örnekler: *Ben sevilmeye değerim. Sevgiye ne kadar açık olursam, o kadar gü-*

vende olurum. Bugün, hayatın beni sevdiğini hatırladım. Aşkın beni en uygun zamanda bulmasına izin veriyorum.

3. Yapmayı sevdiğiniz on şeyi yazın. İçlerinden beşini seçip bugün yapın.
4. Birkaç saatinizi kendinizi şımartmaya ayırın: Kendinize çiçek alın, kendinize sağlıklı bir yemek ısmarlayın, kendinize ne kadar özel olduğunuzu gösterin.
5. 3 numaralı çalışmayı, bu hafta her gün tekrar edin!

16. Gün Kalp Düşünceniz: *Ben Bir Sevgi Çemberinde Yaşıyorum*

Ailenizi bir sevgi çemberi içine alın, aile bireyleriniz şu an yaşamıyor da olsa fark etmez. Çemberi genişletip içine arkadaşlarınızı, sevdiklerinizi, iş arkadaşlarınızı, geçmişinizdeki herkesi ve affetmek isteyip de nasıl affedeceğinizi bilmediğiniz tüm insanları alın. Hepsiyle saygı dolu, birbirinize önem verdiğiniz, muhteşem ve uyumlu bir ilişkiniz olduğunu varsayın.

Onurlu bir biçimde, huzur ve neşeyle yaşayabileceğinizi bilin. Bu sevgi çemberinin tüm gezegeni içine almasına izin verin ve kalbinizi açın ki içinizde koşulsuz sevgiye yer açılsın.

16. Gün Meditasyonunuz: Sevgi İyileştiricidir

Sevgi en güçlü iyileştiricidir. Tanıdığınız herkese bol bol rahatlık, destek ve sevgi gönderin. Siz bu düşünceleri gönderirken, size geri geleceklerinin bilincinde olun.

Aile bireylerinizi (yaşayan ve yaşamayanları), dostlarınızı, iş arkadaşlarınızı ve geçmişinizdeki herkesi kucaklayan bir sevgi çemberini gözünüzün önüne getirin. Kendinizi de bu çembere dahil edin. Siz sevmeye değersiniz. Siz güzelsiniz. Siz güçlüsünüz. Kendinizi tüm güzelliklere ve içinizdeki koşulsuz sevgiye açın. Şu olumlamaları söyleyin:

Kendimi sevgiye açıyorum.

Sevmeye ve sevilmeye niyetliyim.

Kendimi refah içinde görüyorum. Kendimi sağlıklı görüyorum. Kendimi yaratıcılık dolu görüyorum.

İçinde karşılıklı saygı ve ilgi olan muhteşem ve uyumlu ilişkilerim var.

17. GÜN

Stressiz Yaşamak

Stres, hayata ve süregelen değişimlerine karşı gösterilen bir korku reaksiyonudur. Bugün, çok stresli hissetmeye nasıl son vereceğinizi öğreneceksiniz.

Mektuplarınızdan ve Facebook sayfama yazdığınız yorumlardan anladığım kadarıyla pek çoğunuz yaşamınızda stresle boğuşuyorsunuz. Neden bu kadar stresli olduğunuzu biliyor musunuz?

Stres, yaşama ve karşı konulamaz sürekli değişimlerine karşı verilen korku reaksiyonudur. *Stres* artık dillere pelesenk olmuş bir kelimedir. Sorumluluklarımızı yerine getirmediğimizde kullandığımız bir bahane ve korkularımızın üzerinde bir tepkidir. Fakat eğer s*tresi*, *korku* ile eşitlerseniz ve aslında stresli hissetmenin korku dolu bir tepki olduğunu anlarsanız, yaşamınızda strese *ihtiyaç duymayı* bırakabilirsiniz.

Huzurlu ve rahat bir insanın ne korkuyla, ne de stresle işi olmaz. O halde, stresli hissettiğinizde kendinize neden korktuğunuzu sorun. Pek çok insanın iş, para, aile ve en başta da sağlık olmak üzere endişelerden oluşan uzun bir listesi vardır. O halde bu korkularla baş etmeyi öğrenip, güvende olacağınız bir hayata adım atmakla ilgilenmeniz gerekir. Ayna çalışmanızı yapıp, pozitif olumlamaları söyleyerek işe koyulabilirsiniz. Bunu yaparak negatif ve yıkıcı düşüncelerinizin yerine huzur, neşe, uyum ve stressiz bir yaşam yaratacak pozitif düşünceler koyabilirsiniz.

Kullanmayı çok sevdiğim bir ifade vardır: *Olasılıklar toplamı.* Bunu, New York'taki gençlik dönemlerimde bir öğretmenimden duymuştum. Bu cümle bana, aklımın erişebileceği yerlerden çok daha uzakta başka bir yerlerde, yani içinde büyüdüğüm sınırlı inançların da ötesinde daha pek çok olasılık olduğunu ve zihnimin oralara gitmesine izin vermem gerektiğini hatırlatır.

Çocukken, yetişkinlerin bana hiç de hak etmediğim onca eleştiride bulunduğunun farkında değildim. Aslında bu, onların stresli ya da hayal kırıklığı ile dolu olarak geçirdikleri güne verdikleri bir tepkiydi. Ama ben onların eleştirilerini doğru olarak kabul ederdim. Hakkımdaki negatif düşünce ve inançları da içselleştirip kendimi sınırladım ve yıllarca yaşamımı koşullara bağlayarak geçirdim. Hiç de tuhaf, avanak ya da aptala benzemiyor olabilirdim ama kendimi kesinlikle böyle hissettim.

Kendimiz ve yaşamımızla ilgili pek çok inancımız, beş yaş civarındayken şekillenir. Gençlik çağlarımızda bu inançları biraz genişletebiliriz ve yaşımız ilerledikçe belki birazcık daha ama bunların hepsi minik değişikliklerdir. Size neden belli bir inanca tutunduğunuzu soracak olsam, muhtemelen bunun sebebinin küçükken verdiğiniz bir karara bağlı olduğu ortaya çıkar.

Yani aslında beş yaşındaki zihnimizin koyduğu sınırlar içinde yaşıyoruz. Bu sınırlamalar genelde bizi, olasılıklar toplamını tecrübe ya da ifade etmekten alıkoyar. *Yeterince zeki değilim, düzenli biri değilim, koltuğumda çok karpuz taşıyorum, yeterli vaktim yok,* gibi şeyler düşünürüz. Kaçınız sınırlı inançların sizi durdurmasına izin veriyorsunuz?

Bu sınırları kabul etmek ya da ötesine geçmek sizin tercihiniz. Unutmayın, bu sınırların hepsi sadece zihninizde ve hiçbirinin gerçeklikle ilgisi yok. Sizi sınırlandıran inançlarınızı bir kenara bırakıp, kendinize olasılıklar toplamına gitmek için izin verdiğinizde her şeyi yapabilecek kadar iyi *olduğunuzu* keşfedeceksiniz. Gereken her şeye *sahipsiniz.* Koltuğunuzda kaç karpuz olursa olsun, *taşıyabilirsiniz.* Üstelik gereken zamanın tamamına da sahipsiniz. Her türlü olasılığı görüp muhteşem şeyler yapabilme becerisine de.

Hadi, şu olumlamayı söyleyelim: *Her gün daha özgüvenli ve yeterli biri oluyorum. Yeteneklerim sınırsız.*

17. Gün Ayna Çalışması Egzersiziniz

1. Bugünkü egzersiz için sandalyeye oturup ellerinizi kucağınıza koymanızı ve iki ayağınızı da düz bir şekilde yere basarak ayna karşısına geçmenizi istiyorum. Şimdi gözlerinizi kapatın ve üç kez derin ve uzun nefes alın. Nefesinizi yavaşça alıp verin. Alın, verin. Gerginlik ve korkunuzu bir mont gibi üzerinize giydiğinizi hayal edin. Montun düğmelerini açtığınızı ve onu omuzlarınızdan çıkarttığınızı düşünün, mont kollarınıza inip yere düşsün. Vücudunuzdaki gerginlik ve korkunun çıkıp gittiğini hissedin. Kaslarınızın gevşediğini hissedin. Tüm bedeninizin rahatlamasına izin verin.
2. Şimdi cep aynanızı alıp, gözlerinizin içine bakın. Şunu söyleyin: *Tüm korkuyu azat ediyorum. Tüm gerginliği serbest bırakıyorum. Huzur içindeyim. Stresten kurtulup özgürleşmek benim ilahi hakkım.* Bu olumlamaları arka arkaya tekrar edin.
3. Gözlerinizi kapatıp birkaç dakika daha derin nefes alın. Şu olumlamaları tekrarlayın: *KENDİME inanıyorum. Ben yeterli bir insanım. Yapabilirim. Önüme çıkan her şeyle baş edebilirim. Olasılıklara inanıyorum.*
4. Bugün yansımanızı her gördüğünüzde, şu olumlamaları yineleyin: *Huzur içindeyim. İhtiyacım olan*

tüm zamana sahibim. Hayata kolayca ayak uyduruyorum.

Güç İçinizde:
17. Gün Günlük Yazma Egzersiziniz

1. Gözlerinizi kapayıp geçmişe gidin. Beş yaşındaki halinizi görün. Neredesiniz? Okulda mı? Evde mi? Ne yapmaktan hoşlanıyorsunuz? Dünyayı nasıl görüyorsunuz? Gözlerinizi açın ve aklınıza gelen her şeyi yazın.
2. Beş yaşındayken hissettiğiniz endişeleri ya da negatif inançları hatırlıyor musunuz? İncindiğiniz şeyler aklınıza geliyor mu? Hepsini yazın.
3. 2. basamakta yazdığınız tüm inançların yanına, onlara sebep olan gerçek nedenleri yazın. Belki o gün ebeveynleriniz işyerinde kötü bir gün geçirmişler ve size aslında doğru olmayan bir şeyi söylemişlerdi. Belki de sevgi görmeyen bir çocukluk arkadaşınız, bunun acısını sizden çıkarmak istemişti. Tüm düşüncelerinizi günlüğünüze yazın.
4. Sizde bu hafta stres yaratan bazı şeylerin listesini yapın. Bunlardan herhangi birinin, beş yaşındaki zihninizin sınırlarıyla ilgisi var mı? İçinizdeki düşünceleri ve yansımaları yazmak için biraz vakit ayırın.

17. Gün Kalp Düşünceniz: *Olasılıklar Toplamını İçimde Tecrübe Ediyorum*

Olasılıklar toplamı sizin için ne ifade ediyor? Bunu, tüm sınırların ötesine geçmek gibi düşünün. Bırakın zihniniz *Bu yapılamaz, Bu işe yaramaz, Yeterince vakit yok, Çok fazla engel var,* gibi düşüncelerin ötesine geçsin.

Ne kadar sıklıkla bu engelleri ifade ettiğinizi düşünün: *Bunu yapamam, çünkü ben bir kadınım. Bunu yapamam, çünkü ben bir erkeğim. Gereken özelliklere sahip değilim.* Bu kısıtlamalara tutunuyorsunuz çünkü onlar sizin için çok önemli. Ama kısıtlamalar sizi olasılıklar toplamını tecrübe ve ifade etmekten alıkoyar. Ne zaman *yapamam* diye düşünürseniz, kendinizi kısıtlamış olursunuz. Bugün inandığınız şeyin ötesine geçmeye niyetli misiniz?

17. Gün Meditasyonunuz: Stressiz Bir Yaşam İçin Olumlamalar

Negatif ve korku dolu düşünmek, yaşamınıza stresten başka bir şey katmaz. Aşağıda, negatif düşünceler su yüzüne çıktığında ister ayna karşısında, ister arabada, ister masanızda yani nerede olursanız olun tekrar edebileceğiniz bazı olumlamalar var:

Tüm korku ve şüpheyi serbest bırakıyorum, böylece hayat benim için daha kolay oluyor.

Kendime stressiz bir dünya yaratıyorum.

Yavaşça nefes alıp veriyor, her nefesimde daha da çok rahatlıyorum.

Ben yeterli bir insanım ve önüme çıkan her şeyle baş edebilirim.

Odaklanmış durumdayım ve her gün kendimi daha da güvende hissediyorum.

Hislerimi ifade etmem son derece güvenli.

Her halükarda sakin kalabilirim.

Gün içinde ortaya çıkabilecek her türlü sorunla başedebileceğime inanıyorum.

Stresin sadece korku olduğunu fark ediyorum. Şu anda tüm korkuları azat ediyorum.

18. GÜN

Kendi Bolluğunuzu Almak

Mucizeleri, parayı, bolluk ve bereketi bir mıknatıs gibi çekiyor musunuz? Bugün, kendinizi almaya açtığınızda bu çekim gücüne sahip olacağınızı öğreneceksiniz.

Bu kursa ilk başladığınızdaki günlük yazınızı açıp okumak için güzel bir zaman. Ne çok şey öğrendiğinizi görüyor musunuz? Ayna karşısında olumlamaları söylemenin sizi ne kadar da rahatlattığının farkında mısınız? Siz mucizeleri çeken bir mıknatıssınız!

Ayrıca para, bolluk ve bereketi çeken bir mıknatıs olduğunuza da inanıyor musunuz? Dünyada kendisini tecrübe etmenizi bekleyen pek çok bereket var. Harcayabileceğinizden daha fazla para var. Hayal edebileceğinizden daha fazla neşe var. Tanışabileceğinizden daha fazla insan var. Eğer bunu tam anlamıyla kavrarsanız, ihtiyacınız olan ya da arzuladığınız her şeye sahip olacağınızı da fark edersiniz.

İçimizdeki Güç, bize en muhteşem hayallerimizi ve devasa bir bereketi hızlı bir biçimde vermek istiyor. Onu almaya açık mısınız? Eğer bir şey isterseniz, Evren "Bunu bir düşüneyim," demez. Anında cevaplar ve gönderir. Fakat onu almak için açık ve hazır olmalısınız.

Konuşmalarımı izlemeye gelen bazı kişilerin, kollarını göğüslerinde birleştirdiklerini fark ediyorum. Bu şekilde durarak içlerine bir şeyi nasıl alabilirler ki? Kollarınızı sonuna dek açmak muhteşem bir jesttir, böylece Evren bunu fark eder ve size cevap verir.

Şimdi sizi bunu yapmaya davet ediyorum. Ayağa kalkın, kollarınızı açın ve şöyle söyleyin: *Evrendeki tüm iyilik ve bolluğu almaya hazırım ve açığım.* Şimdi bunu çatılara çıkıp bağırarak söyleyin ki herkes işitsin!

Bolluğun pek çok anlamı vardır: Para, aşk, başarı, konfor, güzellik, zaman, bilgi. Bolluğu, bereketi düşünüp konuşarak yaratırsınız. Eksiklerinizi düşünüp konuşarak bolluk yaratılmaz. Eksiklere konsantre olmak daha çok eksik yaratır. Yoksulluğu düşünmek daha fazla yoksulluk getirir. Şükretmekse daha çok bolluk getirir.

Ayna çalışmanız, hayatınıza bolluk gelmesini sağlayacak çok önemli bir araçtır. Evrenin bereketinin size doğru akmasına izin verdiğiniz zaman, arzu ettiğiniz her şeyi alırsınız. Tek gereken şey aynanız ve pratik yapmanız.

Verdiğiniz her şey size geri gelir. Her zaman. Eğer hayattan bir şey alırsanız, hayat da sizden bir şey alır. Olay bu kadar basittir. Hiçbir şey çalmadığınızı düşünebilirsiniz ama ofisten eve getirdiğiniz ataçları veya zımbaları hiç saydınız mı? İnsanların zamanını çalan ya da onlara saygı göstermeyen biri misiniz? Tüm bunlar Evrene şunu söyler: "Ben aslında hayatta hiçbir iyi şeyi hak etmiyorum. Onları sinsice almam ya da çalmam gerekiyor."

Yaşamınıza bolluk ya da para akmasını engelleyen tıkanıklıkların farkında olun. Sonra da ayna çalışmanızı yaparak, o inançları değiştirip yerlerine pozitif olumlamalar koyun. Eğer parasal sorunlar yaşıyorsanız, yapacağınız en iyi şey bereketi düşünmektir.

Kendimde çok işe yaradığını gördüğüm ve uzun yıllardır yaptığım iki tane bolluk olumlaması var. Bunlar sizin işinize de yarayacaktır: *Gelirim durmadan artıyor* ve *Nereye dönsem orayı bereketlendiriyorum.*

Hayatınıza iyi bir şey geldiğinde ona *Evet!* deyin. İyiyi almak için kendinizi açın. Dünyanıza *Evet!* deyin. Fırsatlar ve bolluk yüz kat daha artacaktır. Günde bir kez ayağa kalkıp kollarınızı açarak, neşeyle: *Evrendeki tüm hayırlı bolluğu almak için hazır ve açığım. Teşekkürler hayat,* deyin. Hayat sizi duyacak ve cevap verecektir.

Hadi, şu olumlamayı söyleyelim: *Hayat, tüm ihtiyaçlarımı inanılmaz bir bolluk ve bereketle karşılıyor. Hayata güveniyorum.*

18. Gün Ayna Çalışması Egzersiziniz

1. Bugünkü ayna çalışmanız, bolluğunuzu almaya odaklanmak üzerine olacak. Ayağa kalkıp kollarınızı açın ve şöyle söyleyin: *Tüm iyiliğe hazır ve açığım.*
2. Şimdi aynaya bakıp tekrar söyleyin: *Tüm iyiliğe hazır ve açığım.* Bırakın kelimeler kalbinizden süzülsün: *Tüm iyiliğe hazır ve açığım.*
3. Bu olumlamayı on kez daha tekrar edin.
4. Nasıl hissettiğinize bakın. Kendinizi özgürleşmiş hissediyor musunuz? Ayna çalışması kursunuzun sonunda dek, bu egzersizi her sabah tekrarlayın. Bu, bolluk ve bereketle ilgili farkındalığınızı arttırmanın en mükemmel yoludur.

Güç İçinizde:
18. Gün Günlük Yazma Egzersiziniz

1. Para hakkındaki inançlarınız nelerdir? Aynanın karşısına geri dönün. Gözlerinizin içine bakıp şöyle söyleyin: *Para ile ilgili en büyük korkum (korkunuzu söyleyin).* Cevabınızı ve neden böyle hissettiğinizi yazın.
2. Çocukken para hakkında ne öğrendiniz? Ailenizde

finansal konular nasıl halledilirdi? Siz şu anda parayı nasıl idare ediyorsunuz? Düşüncelerinizi yazın. Herhangi bir davranış kalıbı görüyor musunuz?

3. Şimdi kendinizi bolluğu düşünmeye yöneltmek için biraz günlük çalışması yapın. Hep istediğiniz şeylere sahip olmanın nasıl bir şey olacağını yazın. Onlar neler olurdu? Yaşamınız nasıl olurdu? Nereye seyahat ederdiniz? Ne yapardınız? Hissedin. Keyif alın. Yaratıcı olun ve *eğlenin*.

18. Gün Kalp Düşünceniz: *Ben Bir Evet İnsanıyım*

Ben tüm hayatla bir olduğumu biliyorum. Sonsuz Bilgelik bana nüfuz etmiş ve ben onunla kuşatılmış durumdayım. Bu nedenle, Evrenin beni her türlü pozitif manada desteklediğine inanıyorum. İhtiyacım olabilecek her şey zaten burada beni bekliyor. Bu gezegende yiyebileceğimden çok daha fazla besin var. Harcayabileceğimden çok daha fazla para var. Tanışabileceğimden çok daha fazla insan var. Tecrübe edebileceğimden çok daha fazla sevgi var. Hayal edebileceğimden çok daha fazla neşe var. Bu dünyada ihtiyacım olan ve arzu ettiğim her şey var. Hepsi kullanmam ve sahip olmam için benim.

Tek ve Sonsuz Zihin, Tek ve Sonsuz Zeka, bana her zaman *evet* diyor. Neye inanmayı, düşünmeyi ya da söylemeyi seçersem seçeyim, Evren daima *evet* diyor. Vaktimi negatif düşünceye ya da negatif konulara harcamıyorum. Kendimi ve hayatı pozitif görmeyi seçiyorum.

Fırsata ve bolluğa *Evet!* diyorum. Tüm iyiliğe *Evet!* diyorum. Ben kendisine *Evet!* ile cevap verilen ve *Evet!* dünyasında yaşayan bir *Evet!* insanıyım. Evren ve ben coşkuyla bunu yapıyoruz ve bu zaten böyle oluyor.

Evrensel Bilgelikle bir olduğum ve Evrensel Güç tarafından desteklendiğim için minnettarım.

18. Gün Meditasyonunuz: Bolluğu Almak

Parasızlığınız hakkında düşünüp konuşarak asla bolluk yaratamazsınız. Bu resmen harcanmış bir düşüncedir ve size bereketi getirmez. Eksiklerinize odaklanmak sadece daha çok eksik getirir. Yoksulluğu düşünmek de daha çok yoksulluk getirir. Şükretmeyi düşünmek bereketi getiren şeydir.

Tahmin edebileceğiniz zenginliğin çok ötesinde bir bolluğu size getireceğini garanti edebileceğim birkaç tavır ve olumlama var. Diğer insanların paraları olduğu için onlara kin duymak, siz ve size gelecek bolluk akışı arasına bir duvar örer. Ve *Hiçbir zaman yeterli param olmuyor* ya da

Para geldiğinden daha hızlı gidiyor gibi negatif olumlamalar sadece yoksulluğun en kötü biçimde düşünülmesidir ve onu temsil eder. Evren, kendinizle ve hayatla ilgili neye inanıyorsanız, yalnızca ona cevap verir. Para ile ilgili ne tür negatif düşünceleriniz olduğunu inceleyin ve sonra da hepsini bırakmaya karar verin. Bunların hiçbiri geçmişte size hizmet etmedi, gelecekte de hizmet etmeyecek.

Sırf eğlenmek için bir milli piyango bileti alabilirsiniz ama lütfen tüm dikkatinizi piyangoyu kazanıp bütün sorunlarınızı çözmeye harcamayın. Bu küçümseyici bir düşünme biçimidir ve bitmeyen bir iyilik yaratmayacaktır. Piyangoyu kazanmak çok az kişinin hayatına pozitif değişiklikler getirmiştir. Aslına bakarsanız, çoğu piyango talihlisinin ilk iki yılda kazandıklarını kaybedip, kazanmadan önceki yaşamlarından bile daha berbat bir maddi duruma düştüklerini görürsünüz. Eğer piyangoyu kazanmanın tüm sorunlarınızı çözeceğini düşünürseniz çok yanılırsınız çünkü bunun bilinciniz değiştirmekle hiçbir alakası yoktur. Aslında Evrene, *Şans eseri olacaklar dışında hayatta hiçbir iyi şeyi hak etmiyorum* mesajı veriyorsunuz. Oysa düşünme biçiminizi Evrenin bolluğunun size doğru akmasına izin verecek şekilde değiştirirseniz, piyangonun size sağlayacağını düşündüğünüz her şeye sahip olabilirsiniz. Üstelik onları hiç kaybetmezsiniz çünkü onlar farkındalıkla, hakkınız olduğu şekilde size gelmişlerdir.

Olumlamak, deklare etmek, hak etmek ve izin vermek piyango kazanınca elde edeceğinizi düşündüğünüzden çok daha fazla zenginliği kendinize çekmenin doğru adımlarıdır. Para ile ilgili bilincinizi yeni fikirlere açın ve bırakın hepsi sizin olsun.

Eğer yaşamınıza daha çok para ve bolluk getirmek istiyorsanız, şu olumlamaları tekrar edin:

Ben bir para mıknatısıyım. Her türlü bolluk bana doğru gelir.

İşyerinde beni son derece takdir eder ve mükemmel şekilde desteklerler.

Ben sevgi dolu, bereketli ve uyumlu bir evrende yaşıyorum. Ve bunun için minnettarım.

Her yerde varolan sınırsız bolluğa açığım.

Çekim yasası hayatıma sadece iyi şeyler getirir. Yoksulluğu düşünmekten, bolluğu düşünmeye geçiyorum ve parasal durumum yaptığım bu değişikliği yansıtıyor.

İyilik bana her yerden ve herkesten gelir.

Hayatımdaki tüm iyi şeyler için şükranlarımı ifade ediyorum. Her yeni gün, yeni ve muhteşem sürprizlerle geliyor.

Faturalarımı sevgi ile ödüyor, her çeki coşkuyla yazıyorum. Bolluk hiçbir engel tanımadan, bana doğru akıyor.

En iyisini hak ediyorum ve şu an en iyisini kabul ediyorum.

Paraya karşı olan tüm direncimi serbest bırakıyor ve paranın coşkuyla hayatıma akmasına izin veriyorum. Benim iyiliğim bana her yerden ve herkesten gelir.

19. GÜN

Şükretme Tavrını Yaşamak

Bugün, hayata tüm hediyeleri için teşekkür etmeye adanmış bir ders işleyecek ve her gün nasıl şükredileceğini öğreneceksiniz.

Bereket ve şükretmenin el ele ilerlediğini biliyor muydunuz? Ben daima Evrensel Bilgelikle bir olmaya ve Evrensel Güç tarafından destekleniyor olmaya şükrederim. Evrenin şükretmeyi sevdiğini fark ettim. Ne kadar çok şükrederseniz, o kadar çok iyilik alırsınız. İyilik derken sadece maddi şeyleri kast etmiyorum. Hayatı muhteşem biçimde yaşamaya değer kılacak bütün insanları, mekanları ve deneyimleri de kast ediyorum.

Hayatınız sevgi, neşe, sağlık ve yaratıcılıkla dolu olduğunda, sürekli yeşil ışığa denk gelip daima park yeri bulduğunuzda ne güzel hissediyorsunuz, değil mi? İşte hayatlarımız bu şekilde yaşanmalı. Eğer şükredersek, hayatımız hep böyle olur. Evren cömert ve geniş bir vericidir ve kendisine şükredilmesini sever.

Bir arkadaşınıza hediye verdiğinizde, ne hissettiğinizi düşünün. Eğer hediye verdiğiniz kişi ona bakıp kaşlarını çatarak, "Bu benim tarzım değil," ya da "Böyle bir şeyi hayatta kullanmam," derse o kişiye bir daha asla hediye vermek istemezsiniz. Fakat eğer arkadaşınızın gözleri mutlulukla parlar, memnun olur, teşekkür ederse onun sevdiği bir şeyi her gördüğünüzde alıp ona vermek istersiniz.

Uzun zamandır bana gelen her hediye ve komplimanı, şu düşünce ile alıyorum: *Bunu coşku, memnuniyet ve şükranlıkla kabul ediyorum.* Evrenin bu ifadeyi sevdiğini öğrendim ve bu yüzden sık sık en muhteşem hediyeleri alabiliyorum!

Sabah uyandığınız andan itibaren şükretmeye başlayın. Eğer güne, "Bu güzel uyku için teşekkürler yatak," diyerek başlarsanız günün geri kalanında şükredeceğiniz şeyleri düşünmeniz çok daha kolay olur. Ben yataktan kalkar kalkmaz seksen ya da yüz farklı kişiye, mekana, şeye ya da hayatımdaki tecrübeye şükrederim.

Akşam yatmadan önce, gününüzü şöyle bir gözden geçirip yaşadığınız tüm tecrübelere şükredin, hatta sizi en çok zorlayanlarına bile. Eğer bir hata yaptığınızı hissederseniz ya da doğru bir tercih yapmadığınızı düşünürseniz, kendinizi affedin.

Aldığınız bütün dersler için şükredin, acı dolu olanlar için bile. Onlar size verilmiş minik hazinelerdir. Onlardan öğrendiklerinizle, hayatınız daha iyi yönde değişir. İçinizde karanlık bir yönünüzü görürseniz, onu coşkuyla karşılayın. Zira bu, sizi rahatsız eden bir şeyden kurtulmaya hazırsınız demektir. O an şunu söyleyebilirsiniz: *Bunu gösterdiğin için teşekkür ederim. Böylece onu iyileştirip hayatıma devam edebilirim.*

Bugün ve her gün, hayatınızdaki tüm iyi şeylere şükretmek için zaman ayırın. Eğer hayatınızdaki iyi şeyler şu an çok azsa, çoğalacaktır. Eğer bereketli bir hayatınız varsa, artacaktır. Bu tamamen bir kazan-kazan durumu. Siz mutluysanız, Evren de mutlu. Bu şükretme tavrı, sizin bereketinizi ve bolluğunuzu arttırır.

Bugün insanlarla iletişim halindeyken, onlara yaptıkları şeyler için ne kadar minnettar olduğunuzu söyleyin. Satış elemanlarına, garsonlara, postacılara, işçilere, işverenlere, dostlara, ailenize ve yabancılara. Hadi, bu dünyayı şükran ve minnet duygularını veren ve alan bir yer yapmaya biz de yardım edelim!

Hadi, şu olumlamayı tekrar edelim: *Hayata coşkuyla veriyorum ve hayat da bana sevgiyle geri veriyor.*

19. Gün Ayna Çalışması Egzersiziniz

1. Sabah gözlerinizi açar açmaz, şu olumlamaları söyleyin: *Günaydın yatak. Bana verdiğin tüm sıcaklık ve konfor için şükrediyorum. Sevgili (isim), bugün kutsal bir gün. Her şey yolunda.*
2. Birkaç dakika daha yatağınızda kalıp gevşeyin ve şükredeceğiniz şeyleri düşünün.
3. Kalkmaya hazır olduğunuzda, banyo aynanıza gidin. Tatlı tatlı gözlerinizin içine bakın. Şükrettiğiniz pek çok şeyi listeleyin ve onları birer olumlama gibi söyleyin: *Güzel gülüşüm için şükrediyorum. Bugün mükemmel derecede sağlıklı olduğum için şükrediyorum. Bugün gidecek bir işim olduğu için şükrediyorum. Bugün buluşacağım dostlarıma sahip olduğum için şükrediyorum.*
4. Bugün ne zaman bir aynanın önünden geçseniz, durun ve o an için şükrettiğiniz şeyi söyleyin.

Güç İçinizde:
19. Gün Günlük Yazma Egzersiziniz

1. Her gün şükretme tavrınızı besleyin: Bir şükretme günlüğü ile başlayın. Şükrettiğiniz en az bir şeyi ya-

zın. Şükrettiğiniz her şeyi yazın. Ayna çalışmanızda kullanmak adına, şükrettiğiniz her şey için bir olumlama yazın.

2. Şükretmenin gücü ile ilgili ilham verici hikayeler okuyun. Kendi hayatınızdan ya da tanıdığınız başka birinin hayatından esinlenerek şükretme ile ilgili ilham veren bir hikaye yazın.

19. Gün Kalp Düşünceniz: *Hediyeleri İyi Niyetle Alır Ve Veririm*

Varoluşumun derinliklerinde, sonsuz bir şükran kaynağı vardır. Şimdi bu şükretme duygusunu serbest bırakıyor ve kalbimi, bedenimi, zihnimi, farkındalığımı ve varoluşumu doldurmasına izin veriyorum. Bu şükran duygusu benden çıkıp tüm yönlere doğru yansır, dünyamdaki her şeye dokunur ve bana daha çok şey için şükran duymak adına geri döner. Ne kadar çok şükredersem, kaynağın sonsuz olduğunu o kadar çok fark ederim.

Takdir ve kabul etmek tüm gün boyunca mucizeleri çeken güçlü birer mıknatıs gibi çalışırlar. İltifatlar bolluğun hediyeleridir. Onları iyi niyet ve zarafetle kabul etmeyi öğrendim. Eğer biri bana iltifat ederse ona gülümseyip "Teşekkür ederim," diyorum.

Bugün, yaşamın bana hediye ettiği kutsal bir gün. Evrenin sunduğu ölçüsüz bolluğu almak için kollarımı sonuna kadar açıyorum. İster gündüz olsun ister gece, bunu alabilirim.

Evren beni mümkün olan her şekilde destekliyor. Ben sevgi dolu, bereketli ve uyumlu bir Evrende yaşıyorum ve bunun için şükrediyorum. Fakat bazen Evrenin bana bir şeyler verdiği ama benim ona geri verebilmek için hiçbir şey yapmadığım zamanlar da oluyor. Ne yaparsam yapayım onlara borcumu ödeyemeyeceğim ve zorlu zamanlarımda bana yardım etmek için deli gibi çırpınan insanları anımsıyorum. Fakat daha sonra, ben de başkalarına yardım ediyorum. Hayat bu şekilde işliyor. Şu an, burada olan bolluk ve şükretmenin tadını çıkartıyor ve rahatlıyorum.

19. Gün Meditasyonunuz: Işık Geldi

Bu, iki kişilik bir egzersizdir. O yüzden, size eşlik etmesi için bir arkadaşınızı ya da aile ferdinizi davet edin.

Yüzünüzü arkadaşınıza dönerek oturun. Birbirinizin elini tutup gözlerinizin içine bakın. Güzelce derin bir nefes alıp, tüm korkularınızı serbest bırakın. Bir derin nefes daha alıp yargılarınızı serbest bırakın ve kendinize sadece bu kişiyle birlikte olmak için izin verin.

Arkadaşınızda gördüğünüz şey, sizin yansımanızdır. İçinizdekinin size yansıması. Hepimiz biriz. Aynı havayı soluyoruz. Aynı suyu içiyoruz. Dünyadaki aynı besinleri yiyiyoruz. Arzu ve ihtiyaçlarımız aynı. Hepimiz sağlıklı olmak istiyoruz. Hepimiz sevmek ve sevilmek istiyoruz. Hepimiz rahat ve huzur içinde yaşamak istiyoruz. Ve başarılı olmak istiyoruz. Hepimiz hayatımızı eksiksiz bir şekilde yaşamayı arzu ediyoruz.

Arkadaşınıza sevgiyle bakıp, ondan sevgiyi geri almak için kendinize izin verin. Güvende olduğunuzu bilin. Arkadaşınız için mükemmel bir sağlık dileyin. Onun için sevgi dolu ilişkiler dileyin ki arkadaşınız daima kendisini seven insanlarla çevrili olsun. Ona bolluk dileyin, böylece arkadaşınız refah içinde yaşasın. Onun için konfor ve güvenlik dileyin. Verdiğiniz şeyin katlanarak size döndüğünü bilerek, arkadaşınız için her şeyin en iyisini dileyin. Bu hak edilmiştir. Arkadaşınızın bu dileklerinizi kabul etmeye niyetli olduğunu görün. Bu zaten böyledir.

20. GÜN

Çocuklara Ayna Çalışmasını Öğretmek

Çocuklar da hayatın stresleriyle yüz yüze kalırlar. Bugün onlarla ayna çalışmasını nasıl yapacağınızı öğrenip gerçekleşecek mucizeleri izleyeceksiniz.

Kursun neredeyse sonuna geldiniz ve çok iyi gidiyorsunuz. Kararlığınızı ve adanmışlığınızı alkışlıyorum! Ayna çalışmasını yaptığınız her gün, kendinize sevgi hediye ediyorsunuz. Ve her ayna çalışması yaptığınız gün, uzun zamandır omuzlarınızda taşıdığınız eski ve negatif düşüncelerinizin çekip gitmesini sağlıyorsunuz. Bu negatif inançlar nereden geliyor? Onları çocukken edindik. Bize söylenen her sözü içselleştirdik. Ebeveynlerimiz ya da başkaları bizimle ilgili negatif şeyleri daha çok söyledikçe onlara daha çok inandık.

Büyürken birbirimize kötü ve incitici isimler takıp aşağılardık. Fakat bunları neden yapardık? Bu davranışları nereden öğrenmiştik? Birçoğumuzun ebeveynleri ya da öğretmenleri bize aptal, tembel, baş belası olduğumuzu ya da yeterince iyi olmadığımızı söylerdi. Belki bu cümleleri duyduğumuzda kırılırdık ama aynı zamanda onlara inanırdık. Bu inançların bizi nasıl incittiğini ya da ne kadar yaralayarak utanç duygusuna dönüştüğünü çok da anlayamadık.

Bu kursun en zor derslerinden birkaçına tekrar göz atın, sizi engelleyen üstü örtülü inançlarınızı işlediğimiz derslere. Ayna ve günlük çalışmanızı yaparken, geçmişten gelen bu inançların çocukluğunuzdaki incinmişliklerle olan bağlantısını görebildiniz mi?

Okulda bana, ağzımdan çıkan kelimelerin yaşamımı nasıl da etkileyebileceği hiç öğretilmedi. Hiç kimse düşüncelerimin yaratıcı olduğunu, aslında kaderimi şekillendirdiklerini ya da sözel olarak verdiğim şeylerin bana tecrübe olarak geri döndüğünü öğretmedi. Hiç kimse sevilmeye değer olduğumu ya da başıma iyi şeyler gelmesini hak ettiğimi de asla öğretmedi. Hayatın beni desteklediğinden, kesinlikle hiç kimse bahsetmedi.

Bütün bunların hepsini, çocuklarımız için şimdi değiştirebiliriz. Onlar için yapabileceğimiz en önemli şeylerden biri de, esas doğruyu yani onların sevilebilir olduğunu kendilerine hatırlatmaktır. Ebeveynler olarak rolümüz, mükemmel olmak ya da her şeyi doğru yapmak değil, sevgi dolu ve anlayışlı olmaktır.

Bugünün çocukları bizim zamanımızdan çok daha fazla şeyle baş etmek zorundalar. Onlar dünyanın kritik gidişatıyla ilgili haberlerle çevrili bir dünyada sürekli karmaşık seçimler yapmak zorundalar. Çocukların bu güç durumları nasıl idare ettikleri, kendilerini gerçek anlamda nasıl hissettikleriyle alakalı. Çocuklar kendilerini daha çok sevip saygı duydukça, yaşamlarında doğru seçimler yapmaları giderek kolaylaşacaktır.

Çocuklarımızın içine günümüz dünyasını değiştirebilecek özgürlük, güç ve bilgiyi işlememiz çok önemli. Her şeyin ötesinde, onlara kendilerini olduğu gibi sevip, ne olursa olsun her şeyi becerebilecek kapasitede olduklarını öğretmemiz en mühimi.

Çocuklar bize bakıp ağzımızdan çıkan her kelimeyi dinlerler. Pozitif cümleler ve olumlamalarla, onlara pırıl pırıl parlayan birer örnek olun. Çocuklarınıza inanmaya başladığınızda, onlar da size inanacaklardır.

Kendinize şefkatle baktığınız gibi, hayatınızdaki çocuklara da şefkatle bakmayı öğrenin. Unutmayın hiç kimse "mükemmel" çocuğa ya da "mükemmel" ebeveyne sahip değildir. Zaman zaman zavallı tercihler yapabiliriz. Bu, öğrenme ve büyüme sürecinin bir parçasıdır. Önemli olan çocuğunuzu koşulsuz sevmek, daha da önemlisi *kendinizi* koşulsuz sevmenizdir. Sonra sizin ve çocuğunuzun başına gelecek mucizeleri izleyin de görün.

Hadi, şu olumlamayı söyleyelim: *Ben, ne istersem olurum. Ne istersem yaparım. Bütün yaşam beni destekliyor.*

20. Gün Ayna Çalışması Egzersiziniz

1. Sizden olumlamalarını yapan, tatlı bir kızın videosunu izlemenizi istiyorum. Videonun adı "Jessica'nın Günlük Olumlamaları" (Jessica's "Daily Affirmation") ve bunu **www.youtube.com/watch?v=qR3rK0kZFkg** linkinden izleyebilirsiniz.

   "Benim evim muhteşem. Her şeyi yapabilirim. Okulumu seviyorum. Her şeyi seviyorum. Babamı seviyorum. Kuzenimi seviyorum. Teyzemi seviyorum. Annemi seviyorum. Kız kardeşimi seviyorum. Saçımı seviyorum. Saç kesimimi seviyorum. Pijamalarımı seviyorum. Eşyalarımı seviyorum. Odamı seviyorum. Tüm evimi seviyorum. Evim harika. Her şeyi yapabilirim. Evet, evet, evet. Her şeyi herkesten daha iyi yapabilirim."
2. Bunu çocuğunuzla veya yaşamınızdaki başka bir çocukla, hatta kendi içinizdeki çocukla birlikte izleyin.
3. Çocuğunuzdan, tıpkı videoda Jessica'nın yaptığı gibi, kendi günlük olumlamalarını yapmasını isteyin.

Ona nelerden mutlu olduğunu sorup, aynaya bakarak anlatmasını söyleyin.

4. Bu egzersize, kendi ayna çalışmanızı yaparken size katılması için çocuğunuzu davet ederek başlayabilirsiniz. Şunun gibi basit olumlamalar söyleyin: *Seni seviyorum. Seninle ilgili her şeyi seviyorum. Ben harikayım! Ben güzelim! Saçlarım çok havalı! Bir TV yıldızı gibi dans edebiliyorum!*
5. Sabahları birkaç dakika bile olsa, çocuğunuzla beraber her gün ayna çalışması yapacağınız zamanları belirleyin.

Güç İçinizde:
20. Gün Günlük Yazma Egzersiziniz

1. Resim kağıdı, renkli kalemler, pastel boyalar ve uhunuzu hazırlayıp, çocuğunuzdan bakacağı Sihirli Bir Ayna çizmesini isteyin. Onu aynayı süslemesi için teşvik edin: Etrafına güzel resimler yapıştırın, çerçevesine yaldızlar ve simler ekleyin ve rengarenk boyayın.
2. Sırayla Sihirli Aynaya bakıp kendinizle ilgili muhteşem şeyler söyleyin.
3. Sizin ve çocuğunuzun söylediği pozitif cümleleri yazın ki, daha sonra birlikte yapacağınız ayna çalışmalarınızda tekrar edebilesiniz.

20. Gün Kalp Düşünceniz: *Çocuklarımla Açık Bir Şekilde İletişim Kurarım*

Özellikle gençlik yıllarında, çocuklarla sözel anlamda açık bir ilişki kurmak son derece önemlidir. Genelde çocuklara şu tip şeyler söylenir: *Öyle deme. Öyle hissetme. O şekilde davranma. Öyle ifade etme.* Sürekli *"yapma, etme"* sözünü duyan çocuklar da, iletişim kurmayı keserler.

Sonra çocuklar büyüdükçe ebeveynler, "Çocuklarım beni hiç aramıyor," diye şikayet ederler. Neden aramıyorlar? Çünkü iletişim hatları kesildi, nedeni bu.

Çocuklarınıza karşı açık olup, "Üzgün hissetmen normal," "Bu konuda benimle konuşabilirsin," gibi cümleler kurduğunuzda, onları duygularını paylaşma konusunda teşvik edersiniz, bu şekilde iletişim hatları yeniden açılır.

20. Gün Meditasyonunuz: Çocuğu Karşılamak

Bir elinizi kalbinize koyun. Gözlerinizi kapatın. Sadece içinizdeki çocuğu *görmek* için değil, o *olmanız* için izin verin. Birinden size şu paragrafı okumasını isteyin. Ebeveynlerinizin size bunları söylediğini hayal edin:

Gelmene çok sevindik. Seni bekliyorduk. Ailemizin bir parçası olmanı çok istiyorduk. Sen bizim için çok önemlisin. Sensiz ailemiz aynı olmazdı. Seni seviyoruz. Seni kucaklamak istiyoruz. Olmak istediğin şekilde büyümene yardım etmek istiyoruz. Bizim gibi olman gerekmez. Kendin olabilirsin. Biz senin benzersiz olmanı seviyoruz. Sen çok güzelsin. Çok parlaksın. Çok yaratıcısın. Senin burada olman bize haz veriyor. Sana ailemizi seçtiğin için teşekkür ediyoruz. Senin kutsanmış olduğunu biliyoruz. Yanımıza gelerek bizi de kutsadın. Seni seviyoruz. Seni gerçekten seviyoruz.

Bırakın küçük çocuğunuz bu kelimeleri sizin için gerçeğe dönüştürsün. Her gün aynaya bakıp bu cümleleri söyleyebileceğinizin farkında olun. Ebeveynlerinizin size söylemelerini istediğiniz her şeyi, siz kendinize söyleyebilirsiniz. Küçük çocuğunuzun istendiğini ve sevildiğini bilmeye ihtiyacı var. Bunu çocuğunuza verin.

Ne kadar yaşlı, hasta olursanız olun veya içinizdeki çocuk nasıl korkmuş olursa olsun, onun istenilip sevilmeye ihtiyacı var. İçinizdeki çocuğa, "Seni istiyorum. Seni seviyorum," demeye devam edin. Bu sizin gerçeğiniz. Evren sizi burada istiyor. O yüzden buradasınız. Sonsuz şekilde hep sevildiniz, hep de sevileceksiniz. Ömür boyunca mutlu yaşayabilirsiniz. Bu zaten böyle.

21. GÜN

Kendinizi Şimdi Sevmek

Ayna çalışması sayesinde, olduğunuz şekilde zaten mükemmel olduğunuzu ve kendinizi sevmenin her sorunu iyileştirdiğini keşfettiniz.

Tebrikler sevgili okuyucularım! Bugün, 21 günlük ayna çalışması maceranızın son günü. Bu çalışma hayatınızdaki en büyük hazinelerden birini keşfetmenizi sağladı: Kendinizi sevme yeteneğini.

Biliyorum, bu hiç de kolay bir yolculuk değildi. Yolda bazı engebeler ve çukurlar vardı ama siz çalışmaya bağlı kaldınız. Sizinle gurur duyuyorum!

Bu yolculuk esnasında ayna çalışmanızı kendinizle konuşmanızı gözlemlemek, içsel eleştirinizi susturmak, canınızı yakanları affetmek, geçmişin korkularını bırakmak ve eski, negatif düşünce ve davranış kalıplarını azat etmek için kullandınız. Bunu yaparak da, içinizdeki hazinelerle dolu kocaman bir depoyu açmış oldunuz.

Sizin için dilediğim tek şey, daima şunu hatırlamanızdır: Tüm sorunları iyileştiren tek bir şey vardır, o da *kendinizi sevmek*. Her gün kendinizi daha çok sevdikçe, hayatınızın daha iyiye gideceğini görmek muhteşem olacaktır. Daha iyi hissedeceksiniz. İstediğiniz işi alacaksınız. İstediğiniz paraya sahip olacaksınız. İlişkileriniz gelişecek, negatif olanlar eriyip gidecek ve yenileri belirecek.

Her ne kadar bu kursu tamamlamış olsanız da, aslında ayna çalışmanız yeni başlıyor. Bunu artık her gün yapacaksınız. Belki de yolda daha çok engele takılacak hatta seyahatinizi tamamlarken birkaç tur daha atmak zorunda bile kalacaksınız. Ama hazırsınız. Kendinizi toplamaya, aynanıza bakmaya ve sevilmeye değer olduğunuzu kendinize hatırlatmaya hazırsınız. Olduğunuz gibi zaten mükemmelsiniz. Hayattaki her iyi şeyi hak ediyorsunuz. Siz mucizeleri çeken bir mıknatıssınız.

Aynanızı yanınızda taşıyın. Size oradan bakan güzel insana, tüm kalbinizle onu sevdiğinizi sürekli hatırlatın.

Hadi, şu olumlamayı söyleyelim: *Kendime ve tanıştığım herkese sevgimi ifade ettiğimde, o sevgi gerisin geriye bana geliyor!*

Son sözümde, size şimdi kendinizi seveceğiniz 12 maddelik bir liste bırakıyorum. Bırakın, size son üç haftada gösterdiğiniz efor için hizmet etsinler. Ve unutmayın: Sizi seviyorum!

21. Gün Ayna Oyunu Egzersiziniz

1. Aynaya gidip oradan size bakan güzel insana bakın. Bu kursu tamamladığınız için, kollarınızı kaldırıp kendinize kocaman bir tezahürat yapın. Şu olumlamaları söyleyin: *Seni seviyorum canım. Seni gerçekten seviyorum. Başardın! Bu kursu tamamladın. Seninle gurur duyuyorum. Sen aklına koyduğun her şeyi yaparsın.*
2. Gösterdiğiniz tüm çabanız için şükredin. Şu olumlamaları söyleyin: *Dayandığın için teşekkür ederim. Yeni bir şey öğrenmeye açık olduğun için teşekkür ederim. Seni gerçekten seviyorum.*
3. Ayna oyununuza devam edeceğinizi gösteren bir anlaşma yapın. Şunu söyleyin: *Yarın görüşürüz tatlı şey. Değiştirmek istediğim bazı konuları tartışırız. Seni seviyorum. Sen sevmeye değersin. Sen sadece en iyiyi hak ediyorsun.*

Güç İçinizde:
21. Gün Günlük Yazma Egzersiziniz

1. Kursun başından beri yazdığınız şeyleri gözden geçirin. Her derse göz atıp yaptıklarınız için kendinizi tebrik edin.
2. En çok ilerleme kaydettiğiniz alanları yazın. Daha çok efor sarfedebileceğiniz sorunlu alanları yazın.
3. Aynanızdan daha çok rehberlik alabileceğinizi hissettiğiniz derslere geri dönüp onları tekrar edin.
4. Eğer isterseniz bu kursla ilgili yorumlarınızı Facebook adresimde paylaşabilirisiniz: **www.facebook.com/louisehay**
5. Şimdi gidip içinizdeki çocukla oynayın!

21. Gün Kalp Düşünceniz:
Hepimiz Uyumlu Bir Bütünün Parçalarıyız

Unutmayın: Sizler burayı daha iyi bir dünya haline getirmek adına çalışan, yerkürenin her yerindeki bir topluluğun bir parçasısınız. Şu anda bir araya geldik çünkü birbirimizden öğrenecek bir şeylerimiz var. Kendimizi sevmek için çalışmamız son derece güvenli çünkü bu tecrübeden yararlanıp büyüyebiliriz. İlişkilerimizde ve yaşamımızın her noktasında uyum yaratmak için birlikte çalışmayı seçtik.

İlahi hareket, günün her anında bize rehberlik ediyor. Doğru zamanda, doğru sözcükleri söylüyor ve her zaman hareketi doğru adımlarla takip ediyoruz. Her bir birey, uyumlu bütünün bir parçasıdır.

Neşe içinde bir arada çalışırken, ilahi anlamda enerjilerimiz bölünüyor ve hepimizi verimli, tamamlanmış bir şekilde yaşamak adına destekliyor. Bizler sağlıklı, mutlu, sevgi dolu, neşeli, saygılı, destekleyiciyiz, kendimizle ve birbirimizle barışığız. Böyle olun, böyle olsun.

21. Gün Meditasyonunuz: Güvenli Bir Dünya

Son 21 günde, pek çok şeye dokunduk. Negatif ve pozitif şeyler hakkında konuştuk. Korkular ve öfkeler hakkında konuştuk. Birçoğumuz hâlâ kendimize bakabileceğimiz konusunda yine de kendisine güvenmiyor ve kaybolmuş, yalnız hissediyor. Üstelik bir süredir kendimiz üzerinde çalışıp yaşamımızın değiştiğini fark ettiğimiz halde. Geçmişteki pek çok sorun, artık sorun değil. Tabii ki hiçbir şey bir gecede değişmez fakat eğer biz ısrarcı ve istikrarlı olursak, pozitif şeyler *olur.* O yüzden enerjimizi ve sevgimizi diğer insanlarla paylaşalım. Kalbimizden verdikçe, diğer kalplerden de aldığımızı bilin.

Hadi, kalplerimizi açıp herkesi sevgi, destek ve anlayışla içeri alalım. Bu sevgiyi sokaklarda yaşayan, gidecek evleri olmayan insanlara yöneltelim. Sevgimizi öfkeli, korkmuş ya da acı çeken kişilerle paylaşalım. Gezegeni terk etme sürecinde olan kişilere ya da çoktan terk etmiş olanlara sevgimizi gönderelim.

Kabul etseler de, etmeseler de sevgimizi herkesle paylaşalım. Hadi, tüm gezegeni kalbimizde taşıyalım: Hayvanları, bitkileri ve tüm insanları. Bize kızgın ya da öfkeli olanları. İşleri bizim gibi yapmayanları. Hatta kendilerini şeytanca yansıtanları. Hadi, onları da kalbimize alalım ki güvende olduklarını hissedip gerçekte kim olduklarını fark etmeye başlasınlar.

Barışın, gezegenin her yerine yayıldığını görün. Şu anda o huzura ve barışa destek olduğunuzu bilin. Pozitif anlamda yardımcı olabilmek adına birşeyler yaptığınızın coşkuyla bilincine varın. Ne kadar muhteşem olduğunuzu öğrenin. Bunun, sizin gerçeğiniz olduğunu bilin. Bu zaten böyle.

SON SÖZ

Sevgili okur, bütün hayatım boyunca benim için çok değerli olan ayna çalışmasını seninle paylaşmaktan son derece mutluyum. Umarım sen de pozitif gelişim ve kendine iyi bakma konusunda, ayna çalışmasına benim kadar değer verirsin.

Kapatırken, sana şimdi ve her zaman kendini sevebileceğin 12 maddelik bir liste bırakmak isterim. İzin ver, bu maddeler son üç haftada öğrendiklerini daima hatırlaman için sana hizmet etsin ve seni coşku dolu, tamamlanmış bir hayata doğru giderken sürekli desteklesin.

Ve hiç unutma: Seni seviyorum!

Louise Hay

Kendinizi Şimdi ve Daima Sevebileceğiniz 12 Madde

1. Eleştirmeyi Bırakın.

Eleştiri hiçbir şeyi değiştirmez. Kendinizi eleştirmeyi reddedin. Kendinizi olduğunuz gibi kabul edin. Herkes değişir. Kendinizi eleştirdiğinizde, değişimleriniz negatif olur. Kendinizi onayladığınızdaysa, değişimleriniz pozitif olur.

2. Kendinizi Affedin.

Geçmişi bırakın gitsin. O zamanki anlayışınız, farkındalığınız ve bilginizle, o zaman için elinizden gelenin en iyisini yaptınız. Şimdi ise büyüyor ve değişiyorsunuz ve hayatı farklı bir şekilde yaşayacaksınız.

3. Kendinizi Korkutmayın.

Düşüncelerinizle kendinizi ürkütmeyi bırakın. Bu yaşamak için çok kötü bir yöntem. Size huzur veren zihinsel bir imaj bulun ve ürkütücü bir düşünceyi anında güzel bir düşünce ile değiştirin.

4. Kibar, Nazik ve Sabırlı Olun.

Kendinize karşı nazik olun. Kendinize kibar davranın. Yeni düşünce yollarını öğrenirken, kendinize karşı sabırlı olun. Kendinize, gerçekten sevdiğiniz birine davranır gibi davranın.

5. Zihninize Karşı Nazik Olun.

Kendinizden nefret etmek aslında kendi düşüncelerinizden nefret etmektir. O düşüncelere *sahip olduğunuz için* kendinizden nefret etmeyin. Nazik bir şekilde onları, yaşam dolu olanlarla değiştirin.

6. Kendinizi Övün.

Eleştiri içsel ilhamınızı kırar. Övgü ise yeniden yapar. Mümkün olduğu kadar çok, kendinizi övün. Kendinize en ufak birşeyi bile ne kadar iyi yaptığınızı söyleyin.

7. Kendinizi Destekleyin.

Kendinizi destekleyecek yollar bulun. Dostlarınıza ulaşın ve size yardım etmelerine izin verin. İhtiyaç duyduğunuzda yardım istemek bir güç belirtisidir.

8. Negatiflerinizi Sevin

Onları bir ihtiyacı tamamlamak adına kendinizin yarattığını bilin. Şimdi o ihtiyaçları tamamlamak için yeni ve pozitif şeyler buluyorsunuz. Sevgiyle, eski ve negatif davranış ve düşünce dizinlerini serbest bırakın.

9. Bedeninize İyi Bakın.

Beslenmeyi öğrenin. Optimum enerji ve yaşama gücü için bedeninizin ne tür bir yakıta ihtiyacı var? Bedensel egzersiz yapmayı öğrenin. Ne tür bedensel egzersizlerden hoşlanıyorsunuz? İçinde yaşadığınız tapınağı koruyup besleyin.

10. Eğlenin!

Çocukken eğlendiğiniz şeyleri hatırlayıp onları şu anki yaşantınıza uygulayın. Yaptığınız her şeyde eğlenmenin bir yolunu bulun. Yaşam coşkunuzu gösterin. Gülün. Kahkaha atın. Coşun ki Evren de sizin için coşsun!

11. Kendinizi sevin... Bunu Hemen Yapın

İyileşene, kilo verene ya da yeni bir iş bulana veya yeni bir ilişkiye girene kadar beklemeyin. Kendinizi sevmeye şimdi başlayın ve elinizden gelenin en iyisini yapın.

12. Ayna Çalışmanızı Yapın.

Sık sık gözlerinizin içine bakın. Kendinize karşı gittikçe büyüyen sevginizi ifade edin. Aynaya bakarken kendinizi affedin. Aynaya bakarken, ebeveynlerinizle konuşun. Onları da affedin. En azından bir kere.

Dünyanın en çok okunan yazarlarından Louise L. Hay elinizdeki bu kitapla düşüncelerinizi, inançlarınızı ve duygularınızı pozitif yönde derinleştirerek içinizdeki duygularınızın çevrenize coşkuyla akmasına yardımcı olacaktır. Pozitif düşünce gücünün büyüsünü, insanın kendini tanıyıp hayatla barışık kalmasını sağlayıp mucizeler yarattığını büyük bir keyifle okuyacaksınız.

Pozitif düşünce gücünün büyüsünü, insanın kendini tanıyıp hayatla barışık kalmasını sağlayıp mucizeler yarattığını büyük bir keyifle okuyacaksınız.

Bu kitapta öğrenilecek çok şey var ama hepsini bir seferde özümseyebileceğinizi düşünmeyin. Bazı fikirler hoşunuza gidebilir, bu yüzden işe bildiğiniz yerden başlayın. Bu kitaptan sadece tek bir iyi ders çıkarabilir ve onu yaşam kalitenizi yükseltmek için kullanabilirseniz, o zaman gerçekten ilerleme kaydetmiş olursunuz. Kitabı okurken farkında olmanız gereken önemli bir şey, "dışarıda" arıyor olabileceğiniz şeyin gerçekte içinizde ve olumlu yönlerde kullanmanız için hazır olduğudur. Dilerim, bu kitap gerçekte ne kadar güçlü olduğunuzu anlamınız için size yardımcı olur.

Louise L. Hay